INHALT

Vorwort	6
Kindheit und Jugend	**7**
Geburt	8
Taufe	17
Einschulung	24
Erstkommunion	29
Firmung und Konfirmation	36
Schulabschluss	42
Ausbildungsabschluss und Examen	44
Private Anlässe	**54**
Geburtstage	**54**
Kindergeburtstag	54
18. Geburtstag	58
Geburtstag allgemein	64
Runder Geburtstag	76

Rund um die Ehe	**84**
Verlobung	84
Hochzeit	90
Hochzeitsjubiläen	103
Mutter- und Vatertag	**113**
Für Mütter	113
Für Väter	121
Namenstag	**124**
Valentinstag	**128**
Glückwünsche zu unterschiedlichen Anlässen	**135**
Beruf	**136**
Einstand	136
Beförderung	139
Firmengründung	142
Firmenjubiläum	146
Ruhestand	148

Umzug und Eigenheim	152
Einladungen und Gästebücher	160
Poesiealbum	169
Vereinsehrung	185
Führerschein	189
Sport	194
Genesung	198
Reise	206
Ostergrüße	216
Weihnachtsgrüße	222
Neujahrsgrüße	236
Selbst gemacht!	**242**
Tipps zum Schenken	246

VORWORT

Sie sind zu einer Taufe eingeladen und haben keine Ahnung, was Sie auf die Karte, die dem Geschenk beiliegt, schreiben sollen? Oder Sie müssen eine Rede zum Einstand des neuen Abteilungsleiters halten, wissen aber nicht so recht, was Sie ihm mit auf den Weg geben sollen?

Ob kurze Grüße auf einer Postkarte oder der passende Spruch zu Festlichkeiten: Oft fehlen einem die passenden Worte zum Gratulieren. In diesem Buch finden Sie geeignete Sprüche, Verse und Worte zu jedem Anlass – ob nun zur Geburt eines Kindes, zur beruflichen Veränderung, Weihnachtsgrüße oder Glückwünsche zum Führerschein, für jeden ist etwas dabei. Kurze Gedichte, Zitate, lustig, besinnlich, modern, klassisch.

Oder suchen Sie einen ganz bestimmten Vers, sind aber in diesem Buch nicht fündig geworden? Am Ende dieses Buches erhalten Sie eine kurze Anleitung, wie Sie im Internet selbst recherchieren können. Das ist Ihnen nicht genug, Sie möchten lieber selbst ein Gedicht verfassen oder eine Rede schreiben? Auch dazu finden sich Anregungen im letzten Kapitel.

Viel Vergnügen beim Sammeln, Dichten, Texten, Schreiben und Kreativsein!

KINDHEIT UND JUGEND

*Es gibt viel zu feiern, bis man erwachsen ist –
ob nun die Geburt, die Einschulung,
den Schul- oder Ausbildungsabschluss
oder gar ein Staatsexamen.
Würdigen Sie die Anlässe und Leistungen
der Heranwachsenden mit den passenden
Worten, von heiter bis besinnlich!*

Geburt

Es ist ein großes Erlebnis, wenn man auf einmal für so ein kleines, niedliches Wesen die Verantwortung übernehmen muss. Die Natur schenkt den fürsorglichen Eltern viele Freunde dafür. Wir freuen uns mit Euch und sagen herzlichen Glückwunsch!

Unbekannt

Kinder erfrischen das Leben und erfreuen das Herz.

Friedrich Schleiermacher

Eine Mutter ist der einzige Mensch auf der Welt,
der dich schon liebt, bevor er dich kennt.

Unbekannt

Die Liebe der Mutter zu ihren Kindern
ist eine Brücke zu allem Guten:
im Leben und in der Ewigkeit.

Türkisches Sprichwort

Ein Baby ist ein Engel, dessen Flügel schrumpfen,
je länger die Beine werden.

Aus Frankreich

Des Menschen ganzes Glück besteht in zweierlei:
dass ihm gewiss und ungewiss die Zukunft sei.

Friedrich Rückert

In der Natur ist keine Freude so erhaben rührend
wie die Freude einer Mutter über das Glück ihres Kindes.

Jean Paul

Es ist ein Risiko,
sagt die Vernunft.
Es ist eine Belastung,
sagt die Erfahrung.
Es ist eine große Verantwortung,
sagt die Vorsicht.
Es ist nichts als Sorge und Leid,
sagt die Angst.
Es gibt kein größeres Glück,
sagt die Liebe.

Unbekannt

Viel Liebe, Ruhe und Gelassenheit
wünschen wir Euch für die aufregende Elternzeit.

Unbekannt

Wer Geld und keine Kinder hat,
der ist nicht wirklich reich,
wer Kinder und kein Geld hat,
der ist nicht wirklich arm.

Aus China

Der Beamte
Er reibt sich die Hände: „Wir kriegen's jetzt!
Auch der frechste Bursche spüret
schon bis hinab in die Fingerspitz',
dass von oben er wird regiert.
Bei jeder Geburt ist künftig sofort
der Antrag zu formulieren,
dass die hohe Behörde dem lieben Kind
gestatte zu existieren."

Theodor Storm

Wer Kinder hat, hat auch Segen.

Aus Kamerun

Jedes Kind bringt
ein Päckchen Liebe mit auf die Welt.
Aus der Schweiz

Kommt irgendwo ein Kind zur Welt,
ein Engel sich danebenstellt,
und Tag für Tag und Nacht für Nacht,
ein Leben lang es nun bewacht.
Unbekannt

Spielende Kinder sind lebendig gewordene Freuden.
Friedrich Hebbel

Ein bisschen Mama, ein bisschen Papa
und ganz viel Wunder!
Unbekannt

Wer ohne Kinder lebt,
der weiß von keinem Leide.
Wer ohne Kinder stirbt,
der weiß von keiner Freude.
Sprichwort

Die Geburt eines Kindes ist ein Glück über alles.
Albertine Necker-Saussure

Windeln wechseln, viel Geschrei,
Hunger, meistens nachts um drei,
Fieber, Bauchweh, Zähne kommen,
Eure Freiheit wird genommen.
Eure Ruhe ist vorbei,
doch keine Sorge – wenn Ihr wollt, steh'n wir Euch bei.
Unbekannt

Kinder sind die Flügel des Menschen.
Arabisches Sprichwort

Was eine Kinderseele aus jedem Blick verspricht,
so reich ist doch an Hoffnung ein ganzer Frühling nicht.
August Heinrich Hoffmann von Fallersleben

Die Zeit des Wartens ist nun endlich vorbei.
Wir alle freuen uns riesig mit Euch über die Geburt Eurer
Tochter/Eures Sohnes.
Herzlichen Glückwunsch auch zur Namensgebung:
… ist ein ganz wunderbarer Name.
Wir wünschen Euch viele glückliche Augenblicke,
Stunden, Tage, Wochen, Jahre, genießt die Zeit!

Unbekannt

Drei Dinge sind uns aus dem Paradies geblieben:
Sterne, Blumen und Kinder.

Dante Alighieri

Wenn ich, o Kindlein, vor dir stehe,
Wenn ich im Traum dich lächeln sehe,
Wenn du erglühst so wunderbar,
Da ahne ich mit süßem Grauen:
Dürft ich in deine Träume schauen,
So wär mir alles, alles klar.
Dir ist die Erde noch verschlossen,
Du hast noch keine Lust genossen,
Noch ist kein Glück, was du empfingst;
Wie könntest du so süß denn träumen,
Wenn nicht noch in jenen Räumen,
Woher du kamst, dich ergingst?

Friedrich Hebbel

Das schönste Kind der ganzen Welt
habt Ihr beim Klapperstorch bestellt,
der Euch die große Freude machte
und es nun auch tatsächlich brachte.
Viel Glück, Gesundheit und dazu
auch in der Nacht genügend Ruh.

Unbekannt

Im Judentum glaubt man, dass kurz vor der Geburt uns
jemand bei der Hand nimmt und im Vogelflug unser
ganzes vor uns liegendes Leben zeigt, danach hält er uns
die Augen zu und mit dem Zeigefinger den Mund (daher
auch das Grübchen über der Oberlippe), damit wir alles
schnell wieder vergessen, und deshalb haben wir
manchmal im Leben auch Déjà-vu-Erlebnisse,
wir erkennen etwas, das wir irgendwann schon einmal
gesehen haben!

Unbekannt

Wir sollten uns weniger bemühen,
den Weg für unsere Kinder vorzubereiten,
als unsere Kinder für den Weg.

Aus Amerika

Wisst Ihr, was Euer Baby bald kann?
Was? Nein? Dann hört es Euch an!
Lauthals schreien, saugen, lachen,
weinen, große Augen machen,
schlafen, greifen, krabbeln, spielen,
sitzen, hopsen, sich wohlfühlen,
sich verstecken, trotzig schauen,
plappern, platschen, Klötzchen bauen,
im Sand wühlen, laufen, singen,
Wasser planschen, Sachen bringen.
All das lernt ein Kind geschwind,
oftmals ganz allein.
Eines aber kann kein Kind:
ohne Liebe sein.
Merkt Euch das gut!
Ich wünsche Euch viel Glück,
Euch und Eurem besten Stück!

Unbekannt

Wir wünschen Euch und Eurem Kinde
an Glück, so viel das Herz nur fasst.
Und ein Willkommensangebinde
sei Gruß dem neuen Erdengast.
Er soll ein braver Junge werden
und Euch zur Freude gut gedeih'n.
Ihm leuchte im Gestrüpp der Erden
des Lebens schönster Sonnenschein.
Euch Eltern aber sei beschieden,
was Ihr nur wünscht für Euch und ihn.
Im kleinen Heim soll Lust und Frieden
bestehen als des Daseins Sinn!

Friedrich Hebbel

Ein Kind, was ist das?
Glück, für das es keine Worte gibt,
Liebe, die Gestalt angenommen hat,
eine Hand, die zurückführt in eine Welt,
die man längst vergessen hat.

Unbekannt

Taufe

Mit einer Kindheit voll Liebe
kann man ein ganzes Leben lang aushalten.
Jean Paul

Singet leise, leise, leise,
singt ein flüsternd Wiegenlied,
von dem Monde lernst die Weise,
der so still am Himmel zieht.
Singt ein Lied so süß gelinde
wie die Wellen auf den Kieseln,
wie die Bienen um die Linde
summen, murmeln, flüstern, rieseln.
Clemens Brentano

Kinder sind eine Brücke zum Himmel.
Aus Persien

Mein lieber/Meine liebe ...,
Dein Pate sein zu dürfen, ehrt mich sehr.
Mein innigster Taufwunsch an Dich:
Gott möge Dich für alle Zeiten beschützen und segnen.
Das und noch vieles mehr wünscht Dir Dein
Dich auf Deinem Lebensweg begleitender Taufpate ...
Unbekannt

Unser Wunsch: Viel Glück dem/der Kleinen!
Mög' dem Täufling leuchtend-froh
stets die helle Sonne scheinen –
und den Eltern ebenso!
Unbekannt

Unser Wunsch kommt mit Bedacht;
lass Dir niemals rauben,
was das Leben wertvoll macht:
Hoffen! Lieben! Glauben!
Friedrich Morgenroth

Zur Taufe
Bedenk es wohl, eh du sie taufst!
Bedeutsam sind die Namen;
Und fasse mir dein liebes Bild
Nun in den rechten Rahmen.
Denn ob der Nam' den Menschen macht,
Ob sich der Mensch den Namen,
Das ist, weshalb mir oft, mein Freund,
Bescheid'ne Zweifel kamen.
Eins aber weiß ich ganz gewiss,
Bedeutsam sind die Namen!
So schickt für Mädchen Lisbeth sich,
Elisabeth für Damen.
Auch fing sich oft ein Freier schon,
Dem Fischbein gleich am Hamen,
An einem ambraduftigen,
Klanghaften Mädchennamen.
  Theodor Storm

Wie ein Sonnenstrahl kommst Du in unsere Welt,
bringst Licht und Wärme, Freude und Glück.
Zu Deiner heiligen Taufe alles Liebe von …
  Unbekannt

Du musst das Leben nicht verstehen,
dann wird es werden wie ein Fest.
Und lass dir jeden Tag geschehen,
so wie ein Kind im Weitergehen von jedem Wehen
sich viele Blüten schenken lässt.
Sie aufzusammeln und zu sparen,
das kommt dem Kind nicht in den Sinn.
Es lässt sie leise aus den Haaren,
drin sie so gern gefangen waren,
und hält den lieben jungen Jahren
nach neuen seine Hände hin.

Rainer Maria Rilke

Deine kleine Hand,
in meiner großen,
so zart und weich.
Du greifst nach den Sternen.
Ich will sie für Dich holen,
bis Du groß genug bist,
um selbst danach zu suchen.

Unbekannt

Lass uns die Wohltat recht ermessen,
die uns die Taufe zugewandt,
und nie, o Herr, den Bund vergessen,
der uns so fest mit Dir verband.
Uns alle stärk' zu neuer Treu'
Dass über uns dein Friede sei.

Altes Kirchenlied

Dem Täufling mög' es immer wohl ergehen!
Ihm und den Eltern gratuliert man gern.
Es möge unter einem guten Stern
das ganze Leben der Familie stehen!

Unbekannt

In Deinem Herzen möge die Gewissheit wohnen,
dass nach jedem Unwetter ein Regenbogen leuchtet.

Irischer Segensspruch

Wir bringen ein Kind zur Taufe.
Gott gebe, dass es bald laufe.
Wir wünschen, dass es gedeihe
und nicht so schreie.

Aus Deutschland

Am Tauftag wünschen wir
aus tiefster Seele,
dass es an Gottvertrauen
niemals fehle.
Ja, wer an Gottes Hand
durchs Leben schreitet,
der bleibt behütet
und wird gut geleitet!

Unbekannt

Der Täufling ist bereit,
die Taufe zu empfangen.
Wir sind mit ihm gegangen;
Gott gebe ihm Geleit.
Mög' es ihm wohl ergehen.
Der Weg auf dieser Erde,
dass er ein leichter werde,
wir können's nur erflehen.
Jetzt hat er einen Namen.
Oh, möge diesem Kinde
die Gnadensonne scheinen.
Wir sagen freudig Amen.

Aus Deutschland

Denn wir können die Kinder nach unserem Sinne
nicht formen;
so wie Gott sie uns gab, so muss man sie haben
und lieben,
sie erziehen aufs Beste und jeglichen lassen gewähren.
Denn der eine hat die, die anderen andere Gaben.

Johann Wolfgang von Goethe

Vier Füße, groß bis mittelklein,
gingen lange Zeit allein.
Jetzt gehen bald auf Schritt und Tritt,
zwei winzig kleine Füße mit.

Unbekannt

So, wenn ich schaue in dein Antlitz mild,
wo tausend frische Lebenskeime walten,
da ist es mir, als ob Natur mein Bild
mir aus dem Zauberspiegel vorgehalten.

Annette von Droste-Hülshoff

Einschulung

Dicke Bücher, vieles Wissen,
hu – was wirst Du lernen müssen.
Mag's Dir in den Kopf nicht gehen –
So mag es nur im Buche stehen.

Unbekannt

Aller Anfang ist schwer,
doch ohne ihn kein Ende wär.

Aus Deutschland

Welch ein Jubel, welche Freude,
denn dein großer Tag ist heute,
weil die Schule, liebes Kind,
endlich auch für dich beginnt.
Mit dem Rechnen, Lesen, Schreiben,
wirst du nun die Zeit vertreiben,
das sind jene Dinge eben,
die du brauchst fürs ganze Leben.
Nur wer lernt, der wird gescheiter,
wer gescheit ist, der kommt weiter.
Lernen soll dir Freude bereiten
und mein Glückwunsch dich begleiten.

Friedrich Morgenroth

Sokrates, der alte Greis,
sagte oft in tiefen Sorgen:
„Ach, wie viel ist doch verborgen,
was man immer noch nicht weiß!"

Unbekannt

Die Schule will uns manchmal gar nicht schmecken,
doch später werden wir entdecken,
es war eine schöne, sorglose Zeit,
doch dann ist sie Vergangenheit!

Unbekannt

Glaube nicht, fertig zu sein mit lernen,
wenn auch die Schulzeit verblüht.
Dann erst beginnt die Schule des Lebens,
die uns mit Strenge zum Menschen erzieht.

Unbekannt

Du bist ein schlaues Mädchen,
in deinem Kopf gehen viele Rädchen,
in der Schule bist du schlau
und daheim machst du Radau!

Unbekannt

So etwas wie diese Tüte
ist recht tröstlich fürs Gemüte.
Nimm sie mit und überleg's:
Süßes schmeckt auch unterwegs!

Friedrich Morgenroth

Gute Sprüche, weise Lehren
muss man üben, nicht bloß hören.

Unbekannt

Kindergartenzeit ade,
jetzt lernst Du das ABC.
Stolz wirst Du den Ranzen tragen
und neugierig so manches fragen.
Rechnen und Lesen ist nicht schwer,
wir hoffen, die Schule gefällt Dir sehr.

Unbekannt

Geduld und Fleiß, und ich bin überzeugt,
ich werde alles erreichen, was ich will.

Leo Tolstoi

Wenn dein Lehrer einmal unzufrieden mit dir ist,
nimm's ihm nicht krumm!
Einstmals war's auch ihm beschieden:
Sein Lehrer hielt ihn gar für dumm!

Unbekannt

Also lautet ein Beschluss:
Dass der Mensch was lernen muss.
Nicht allein das ABC
Bringt den Menschen in die Höh';
Nicht allein in Schreiben, Lesen
Übt sich ein vernünftig Wesen;
Nicht allein in Rechnungssachen
Soll der Mensch sich Mühe machen,
Sondern auch der Weisheit Lehren
Muss man mit Vergnügen hören.

Wilhelm Busch

Algebra, Physik, Chemie,
ein mancher denkt, er lernt es nie!
Aber mancher, der das dachte,
später doch Karriere machte!

Unbekannt

Das Leben ist die Schule,
nicht die Schule das Leben.

Philipp Julius Rehtmeyer

Die Schule sei keine Tretmühle,
sondern ein heiterer Tummelplatz des Geistes.

Johann Amos Comenius

Wer die Schule hat, hat das Land.

Kurt Tucholsky

Kindern ist keine Schule nötiger
als die der Geduld.

Jean Paul

Erstkommunion

Hörst Du die Glocken läuten,
sie klingen heut für Dich –
zu Deinem Ehrentage,
so voll und inniglich.
Nun tret mit reinem Herzen
und kindlich frommen Sinn
zum allerersten Male
vor Gottes Altar hin.
Empfange seinen Segen,
sein heiliges Abendmahl
und folge Gottes Wegen
in diesem Erdental.
Hab nun zu ihm Vertrauen,
in Freude und in Leid,
dann bist Du wohlgeborgen,
in alle Ewigkeit.

Unbekannt

Ich wünsche Dir zur Kommunion,
dass Gott Vater und Gott Sohn
beschützen Dich mit Segen
auf allen Deinen Wegen.
Dann wanderst fromm und glücklich Du
der Gold'nen Himmelspforte zu.

Ernst Moritz Arndt

Heut' stehst Du erwartungsvoll
hier im weißen Kleid,
mit der Kerze in der Hand
für das Fest bereit.
Heute ist allein Dein Tag,
heute fühlst Du's klar:
Du legst ein Bekenntnis ab,
ernst vor dem Altar!

Unbekannt

Liebe/Lieber ...,
zu Deiner Erstkommunion
Glück und Gottes Segen,
vor allem alles Gute
auf Deinem weiteren Lebensweg
wünschen Dir von
ganzem Herzen ...
> *Unbekannt*

Blütenkranz schmückt heut' Dein Haar,
das Weiß des Kleides strahlt.
Der schönste Tag in diesem Jahr
ist wie von Gott gemalt.
Im Kirchengrund erfüllt sich heut'
zu seinem großen Lob
bei feierlichem Festgeläut ein Wunsch,
den Liebe wob.
Bleib Deinem Glauben treu und geh
den Weg gut bis ans End'.
Dank Gottes Lieb' sind Ach und Weh
nur Staub am Firmament.
Doch seine Güte macht Dich reich,
Dein Herz erleuchtend, sternengleich.
Zu Deiner Erstkommunion am ... alles Liebe von ...
> *Unbekannt*

Rückblick

Bei jeder Wendung deiner Lebensbahn,
Auch wenn sie Glück verheißend sich erweitert
Und du verlierst, um Größ'res zu gewinnen:
Betroffen stehst du plötzlich still, den Blick
Gedankenvoll auf das Vergang'ne heftend;
Die Wehmut lehnt an deine Schulter sich
Und wiederholt in deiner Seele dir,
Wie lieblich alles war, und dass es nun
Damit vorbei auf immer sei, auf immer!
Ja, liebes Kind, und dir sei unverhohlen:
Was vor dir liegt von künft'gem Jugendglück,
Die Spanne misst es einer Mädchenhand.
Doch also ward des Lebens Ordnung uns
Gesetzt von Gott; den schreckt sie nimmermehr,
Der einmal recht in seinem Geist gefasst,
Was unser Dasein soll. Du freue dich
Gehabter Freude, andre Freuden folgen,
Den Ernst begleitend; dieser aber sei
Der Kern und sei die Mitte deines Glücks!

Eduard Mörike

Gott gebe Dir
für jeden Sturm einen Regenbogen,
für jede Träne ein Lachen,
für jede Sorge eine Aussicht
und eine Hilfe in jeder Schwierigkeit.
Für jedes Problem, das das Leben schickt
einen Freund es zu teilen,
für jeden Seufzer ein schönes Lied
und eine Antwort auf jedes Gebet.
Irischer Segensspruch

Liebe/Lieber …,
alles erdenklich Liebe zu Deiner Erstkommunion am …
Es ist sehr schön, dass es Dich gibt!
Deine Eltern
Unbekannt

An das liebe Kommunionkind …
Deine Großeltern gratulieren Dir ganz herzlich zu Deiner Kommunion.
Gott wird Dich ein Leben lang begleiten und schützen.
Unbekannt

Winston Churchill sagte: „Die Kunst ist, einmal
mehr aufzustehen, als man umgeworfen wird."
Mit diesen Worten als Begleiter für Deinen
spannenden Lebensweg, wünschen wir Dir zu
Deiner Erstkommunion am ... alles Gute!
Unbekannt

Liebe/Lieber ...,
Freue Dich über Deine Erfolge,
sei stolz auf Misserfolge und die Lehren,
die Du daraus ziehst;
lerne lachen über Deine Fehler
und zu lächeln über Deine Schwächen.
Vergiss aber nie,
ständig Deine Vorzüge zu hinterfragen,
damit Du immer weißt, von wem Du sie hast.
Unbekannt

Einen heiteren Engel sende ich Dir zu Deiner
Kommunion. Dieser Engel wird Dich immer beschützen,
wo immer Du auch bist.
Unbekannt

Glaube fest an Gott den Herrn;
glaube an sein Walten!
Niemals ist es unmodern,
sich an Gott zu halten.
Sei getrost: An Gottes Hand
hast Du immer festen Stand!
Liebe/Lieber ...,
wir gratulieren Dir ganz herzlich zu Deiner
Erstkommunion am ...
Auf dass Gottes Schutzengel Dich immer behüten mögen.
    Unbekannt

Den schönsten Tag in Deinem Leben
soll die Kommunion/Firmung/Konfirmation Dir geben.
Lass die Erinnerung nie verfliegen,
dann wird stets das Gute siegen!
    Unbekannt

Firmung und Konfirmation

Zum heiligen Sakrament der Firmung gratulieren wir
Dir ganz herzlich!
Das Wort Firmung bedeutet Stärkung.
Deshalb wünschen wir Dir für Deinen zukünftigen
Lebensweg neben viel Glück auch ein gestärktes und
unerschütterliches Gottvertrauen!
Unbekannt

Wir wünschen Dir für Deinen neuen Lebens- und
Glaubensabschnitt alles Liebe und Gute.
Die herzlichsten Glückwünsche zur heiligen Firmung
von …
Unbekannt

Zur heiligen Firmung wünsche ich Dir alles Liebe und
Gute. Möge Dich Gott stets beschützen und Dich
auf Deinem weiteren Lebensweg begleiten.
Das und noch vieles mehr wünscht Dir, liebe/lieber …,
Dein Firmpate/Deine Firmpatin …
Unbekannt

Herzlichen Glückwunsch zur Firmung!
Der liebe Gott möge Dich auf allen Deinen Wegen
begleiten und seine schützende Hand über Dich halten.
Das und noch vieles mehr wünscht Dir Dein Firmpate/
Deine Firmpatin ...
Unbekannt

Lieber Firmling,
Glaube ist eigentlich etwas ungeheuer Mutiges.
Martin Luther King hat es so gesagt: „Glaube bedeutet,
den ersten Schritt zu machen, auch wenn du das Ende der
Treppe nicht sehen kannst."
Unbekannt

Gottes unermesslich große Güte
Dich von heute an behüte!
Denn niemals endet seine Huld
auch wenn Du stehst in seiner Schuld.
Unbekannt

Wenn Gott den Menschen misst,
legt er das Maßband nicht um den Kopf,
sondern um das Herz.

Aus Irland

Gott schütze Dich! Denn eines ist gewiss:
Wenn wir fromm die Hände falten,
uns im Glauben an ihn halten,
wissen wir, dass er allein der Herr des Lebens ist.

Unbekannt

Möge das Glück immer greifbar sein für Dich,
mögen gute Freunde immer in Deiner Nähe sein,
möge Dir jeder Tag, der kommt,
eine besondere Freude bringen, die Dein Leben heller macht.

Irischer Segenswunsch

Dies über alles: Sei Dir selber treu.
Und daraus folgt, so wie die Nacht dem Tage,
Du kannst nicht falsch sein gegen irgendwen.

William Shakespeare

An solch einem Tag im Leben
sei Ausdruck diesem Wunsch gegeben,
dass Gottes Segen, Gottes Güte
Dich stets begleite und behüte.
Unbekannt

Das Licht der Sonne scheine auf Deinen Fenstersims.
Dein Herz sei voll Zuversicht,
dass nach jedem Gewitter ein Regenbogen am Himmel
steht.
Der Tag sei Dir freundlich, die Nacht Dir wohlgesonnen.
Die starke Hand eines Freundes möge Dich halten,
und Gott möge Dein Herz erfüllen mit Freude und
glücklichem Sinn.
Irischer Segensspruch

Ich weiß, Gott hat große Pläne für Dich! Ich bin gespannt darauf – Du auch?
Für Deinen ganz persönlichen Weg wünsche ich Dir von Herzen alles Gute!
Unbekannt

Tritt ein für deines Herzens Meinung
und fürchte nicht der Feinde Spott,
bekämpfe mutig die Verneinung,
so du den Glauben hast an Gott.

Theodor Fontane

Brot und Wein – das sind die Zeichen,
die man heute Dir wird reichen.
Lass sie Himmelsspeise sein
und bewahr Dein Herz Dir rein.
Freu Dich über diesen Tag,
den man nicht vergessen mag.

Unbekannt

Liebe/Lieber …,
wir freuen uns, dass wir an diesem besonderen Tag der Konfirmation dabei sein dürfen.
Für den Weg, der vor Dir liegt, wünschen wir Dir Glück und liebe Menschen an Deiner Seite. Auch wenn es mal schwierig wird, hoffen wir, dass Du Dir Deinen Optimismus und Deine Fröhlichkeit bewahren kannst.
Alles Liebe, Dein/Deine …

Unbekannt

Liebe/Lieber ...,
ich wünsche Dir einen ganz besonderen Tag, an den Du Dich gern erinnern wirst. Wie gern hätte ich Dir und Deinen Eltern persönlich zur Konfirmation gratuliert. Ich denke in der Ferne an Dich und drücke Dich in Gedanken ganz fest.
Du bist stark und mutig und Du wirst Deinen Weg finden, da bin ich sicher.
Meine herzlichsten Glück- und Segenswünsche begleiten Dich.
Dein/Deine ...

Unbekannt

Schulabschluss

Herzlichen Glückwunsch zum Abitur!
Nun kannst Du Jura studieren, Soziologe werden oder
die ersten Schritte Richtung Chemienobelpreis machen –
oder Du wirst einfach ein wahnsinnig gut ausgebildeter
Taxifahrer.
Tu das, was Dir Freude bereitet!
Unbekannt

Es gibt mehr Ding' im Himmel und auf Erden
als eure Schulweisheit sich träumen lässt.
William Shakespeare

Nicht in der Erkenntnis liegt das Glück,
sondern im Erwerben der Erkenntnis.
Edgar Allan Poe

Wen die Götter verderben wollen,
den schicken sie in die Schule.
Graffito

Das Beispiel ist die Schule des Menschen;
in einer andern lernen sie nichts!
Edmund Burke

Man soll nicht aus der Schule plaudern.
Unbekannt

Die Schule des Lebens kennt keine Ferien.
Unbekannt

Der Kunst täte not: weniger Schulen, mehr Schule.
Marie von Ebner-Eschenbach

Das Leben ist eine Schule!
Wohl dem, der die Prüfung besteht …
Rudolf Steiner

Es sagen oft die Leute:
„Was ich nicht weiß,
Macht mir nicht heiß."
Doch merke ich wohl heute:
Was ich nicht weiß,
Macht just mir heiß.
Gewiss, der dieses Sprüchlein erfand,
Wohl niemals vorm Examen stand.
Unbekannt

Für mich gibt es Wichtigeres im Leben
als die Schule.
Oscar Wilde

Ausbildungsabschluss und Examen

Aus Kindern werden Leute, und in Deinem Fall kann man sagen: jawohl, und was für welche!
Nun hast Du also nach absolviertem Studium Dein Staatsexamen in der Tasche und stehst am Anfang einer sicherlich großen Karriere.
Wir gratulieren Dir von ganzem Herzen zu dieser Leistung und wünschen Dir für Deinen weiteren Lebensweg alles erdenklich Gute!

Unbekannt

Der Baum des Wissens
ist nicht der des Lebens.

Lord Byron

Das Glück des Lebens besteht nicht darin,
wenig oder keine Schwierigkeiten zu haben,
sondern sie alle siegreich und glorreich zu überwinden.

Carl Hilty

Gedanken sind zollfrei, aber man hat doch Scherereien.

Karl Kraus

Zu viel Zeit mit Studieren zu verbringen, ist Faulheit;
es nur als Schmuck zu verwenden, Affektiertheit;
nur danach zu urteilen, Gelehrtenwahn.

Sir Francis Bacon

Wochenlang war man beklommen,
weil die Zeit der Prüfung kam.
Nun ist die Hürde glatt genommen,
und keiner ist dem Schicksal gram.
Da können wir alle fröhlich jubilieren
und zum bestandenen Examen gratulieren!

Unbekannt

Im Examen stellen Toren Fragen,
auf die Weise nicht zu antworten vermögen.

Oscar Wilde

Tu frei und offen, was du nicht willst lassen,
doch wandle streng auf selbst beschränkten Wegen
und lerne früh nur deine Fehler hassen!

Gottfried Keller

Wissen, das sich nicht täglich vermehrt,
nimmt ab.

Chinesische Weisheit

Jede Stufe der Bildung fängt mit Kindheit an.
Daher ist der am meisten gebildete,
irdische Mensch dem Kinde so ähnlich.

Novalis

Wer soll Meister sein? Der was ersann.
Wer soll Geselle sein? Der was kann.
Wer soll Lehrling sein? Wir alle – jedermann.

Volksmund

Aufmerksamkeit, mein Sohn,
ist, was ich dir empfehle;
bei dem, wobei du bist,
zu sein mit ganzer Seele.

Friedrich Rückert

Bildung ist das,
was die meisten empfangen,
viele weitergeben und wenige haben.

Karl Kraus

Alles, was mit Grammatik und Examen zusammenhängt,
ist nie das Höhere. Waren die Patriarchen examiniert,
oder Moses oder Christus? Die Pharisäer waren
examiniert. Und da sehen Sie, was dabei herauskommt.

Theodor Fontane

Es ist wichtiger,
Fragen stellen zu können,
als auf alles eine Antwort zu wissen.

James Thurber

Wissen nennen wir jenen kleinen Teil der Unwissenheit,
den wir geordnet und klassifiziert haben.

Ambrose Gwinnett Bierce

Trag munter'n Herzens deine Last
und übe fleißig dich im Lachen.
Wenn du an dir nicht Freude hast,
die Welt wird dir nicht Freude machen.

Paul Heyse

So ein bisschen Bildung
ziert den ganzen Mensch.

Heinrich Heine

Ich sage wenig,
denke desto mehr.

William Shakespeare

Gebildet ist, wer Parallelen sieht,
wo andere völlig Neues erblicken.

Anton Graff

Greise glauben alles,
Männer bezweifeln alles,
Jungen wissen alles.

Oscar Wilde

Was verworren war, wird helle,
was geheim, ist's fürder nicht;
die Erleuchtung wird zur Wärme
und die Wärme, sie ist Licht.

Franz Grillparzer

Das, was du heute denkst,
wirst du morgen sein.

Buddha

Wir werden unwissend geboren
und manche bleiben es.

Thornton Wilder

Antworte dem, der dich ruft.

Aus Tansania

Schlecht steht es um den Schüler,
der seinen Meister nicht überflügelt.

Leonardo da Vinci

Dein Examen/Gesellenbrief/..., zu dem ich Dir nun von ganzem Herzen gratulieren möchte, ist der beste Beweis dafür, dass Fleiß sich stets bezahlt macht.
Du warst schon als Kind sehr tüchtig, hast in der Schule brav gelernt und zu Hause Deinen Eltern oft geholfen. Rückschläge haben Dich nie entmutigt, sondern Du hast die Sache erst recht angepackt.
Wir haben gesehen, wie viel Du für die Abschlussprüfungen gelernt hast: Jeden Tag oftmals bis spät in den Abend hast Du über Deinen Büchern und vor dem Computer gebrütet.
Doch die ganze Mühe hat sich wahrlich gelohnt:
Mit hervorragenden Noten hast Du bestanden. Nun bleibt uns nichts weiter, als Dir für Deinen Weg ins Berufsleben alles Gute und viel Erfolg zu wünschen!

Unbekannt

Wissen ist ein Schatz,
der seine Besitzer überallhin begleitet.

Aus China

Wage es, weise zu sein.

Horaz

Man gibt seine Kinder auf die Schule,
dass sie still werden,
auf die Hochschule,
dass sie laut werden.

Jean Paul

Wir lernen viel und wissen wenig.

Carl Ludwig von Knebel

Weise Lebensführung gelingt keinem Menschen durch Zufall. Man muss, solange man lebt, lernen, wie man leben soll.

Seneca

Bildung macht den Menschen
zu einem guten Gesellschafter für sich selbst.

Thomas Fuller

Das Genie schenkt Gott,
aber das Talent ist unsere Sache.
Gustave Flaubert

Der Mensch ist,
was er als Mensch sein soll,
erst durch Bildung.
Georg Wilhelm Friedrich Hegel

Weise erdenken neue Gedanken,
und Narren verbreiten sie.
Heinrich Heine

Der Mann muss hinaus
ins feindliche Leben,
muss wirken und streben
und pflanzen und schaffen,
erlisten, erraffen,
muss wetten und wagen,
das Glück zu erjagen.
Friedrich von Schiller

Der Mensch lernt, solange er lebt,
und stirbt doch unwissend.
Jugoslawisches Sprichwort

Rastlos vorwärts musst du streben,
nie ermüdet stille steh'n,
willst du die Vollendung seh'n;
musst ins Breite dich entfalten,
soll sich deine Welt gestalten;
in die Tiefe musst du steigen,
soll sich dir das Wissen zeigen.
Nur Beharrung führt zum Ziel,
nur die Fülle führt zur Klarheit,
und im Abgrund wohnt die Wahrheit.

Friedrich von Schiller

Je mehr einer weiß,
desto mehr bezweifelt er.

Voltaire

Studium ist Balsam gegen die Leidenschaft.

Talmud

Denken ist die Zauberei des Geistes.

Lord Byron

Was man zu verstehen gelernt hat,
fürchtet man nicht mehr.

    Marie Curie

Was verkürzt mir die Zeit?
Tätigkeit.
Was macht sie unerträglich lang?
Müßiggang.
Was bringt zu Schulden?
Harren und Dulden.
Was macht gewinnen?
Nicht lange besinnen.
Was bringt zu Ehren?
Sich wehren.

    Johann Wolfgang von Goethe

PRIVATE ANLÄSSE

Ihre Schwester hat sich verlobt? Ihr bester Freund heiratet? Ihre Großeltern feiern goldene Hochzeit? Zudem ist bald Muttertag, Ihr Schwiegervater wird siebzig, Ihr Neffe hat Namenstag und der nächste Valentinstag sollte wahrlich besser verlaufen als der letzte? Dann lassen Sie sich von diesem Kapitel inspirieren, damit Sie zu jeder Gelegenheit angemessene und persönliche Worte für Ihre guten Wünsche parat haben!

Geburtstage

Kindergeburtstag

Ich weiß von einer kleinen Maus
heut' gibt's für Dich Geburtstagsschmaus.
Drum wünsch ich Dir das Allerbeste
zu Deinem bunten Kinderfeste.

Unbekannt

Vierter Geburtstag
Ab heute bist Du vier,
drum feiern wir mit Dir!
Topfschlagen und Eierlaufen,
Würstchen essen zum Verschnaufen.
Geschenke gibt's auch allerlei,
wir wünschen Dir viel Spaß dabei.
Zum Geburtstag alles Gute!
Unbekannt

Du bist gerührt wie Apfelmus
und kernig wie Spinat,
Dein Herz schlägt wie ein Pferdefuß,
wenn du Geburtstag hast.
Volksmund

Heute bist du unsere Prinzessin/unser Prinz.
Darum feiern wir den Tag königlich
mit Spaß und Köstlichkeiten.
Unbekannt

Weil ich Dich ganz besonders mag,
wünsch ich Dir einen schönen Tag.
Wünsch Dir einen leckeren Kuchen
und viele Freunde, die Dich besuchen.
Unbekannt

Zum Geburtstag wünschen wir Dir Sonnenschein.
Soll jeder Tag Deiner Kindheit etwas Besonderes sein!
> *Unbekannt*

Zu Deinem ... Geburtstag sollst Du lachen,
weil Dir alle Freunde eine Freude machen.
> *Unbekannt*

Sei gegrüßt, Du kleiner Wicht.
Höre was die Tante/der Onkel spricht:
Mache stets ein froh' Gesicht;
tue fleißig Deine Pflicht,
bleib gesund, krank werde nicht!
Sei Dein neues Lebensjahr
grad so schön, wie's alte war,
denn dann wird es, das ist klar,
rundherum ganz wunderbar.
Freu Dich an der kleinen Gabe
die ich beigelegt Dir habe.
Herzlichen Glückwunsch!
> *Unbekannt*

Hier ist ein kleines Gedicht,
ein größeres kenne ich nicht.
Und ist das Gedicht auch klein,
es ist für Dich ganz allein.
Herzlichen Glückwunsch zum Geburtstag!

Unbekannt

Bleib stets, was Du bist,
ein fröhliches Kind,
die Fröhlichsten immer
die Glücklichsten sind.

Poesiealbumspruch

1000 bunte Schmetterlinge,
wünschen Dir nur gute Dinge,
heut' ist ein besonderer Tag,
an dem man Glück Dir schenken mag.
Alles Liebe zum Geburtstag!

Unbekannt

18. Geburtstag

Liebe/Lieber …,
Schluss mit lustig! Seit heute bist Du volljährig.
Kein „Mama, unterschreib mal!" mehr, jetzt darfst
Du ganz offiziell all das tun, was Du klammheimlich ja
sowieso schon lange machst.
Arbeite daran, Deine Träume zu verwirklichen, aber
verliere dabei nie den Boden unter den Füßen!
Alles Gute zum 18. Geburtstag wünschen Dir Deine
Eltern
> *Unbekannt*

Mein lieber Volljähriger!
Ab heute löst sich die lange Leine,
gleich heute bekommst Du den Führerschein.
Ab heute wirst Du nun ganz alleine
für Fug und Unfug verantwortlich sein.
Ab heute lässt Du Dir nichts mehr erzählen,
ab heute ist es auch Dein Wort, das zählt.
Von heute an darfst Du Politiker wählen;
nun pass bloß auf, dass man Dich nicht wählt.
> *Unbekannt*

Geh hinaus in die Zukunft,
schau nur nach vorn, nie zurück,
hör auf dein Herz und folge den Gefühlen,
wir wünschen Dir viel Glück.
Geh hinaus in Dein Leben,
halten können wir Dich nicht mehr,
geh, und Du wirst viel erleben,
bleib stets gerecht und fair,
viel zu schnell verging die Zeit,
es ist so weit.
Du brauchst uns für vieles nicht mehr,
Du verlässt die Welt der Kinderzeit,
fällt es uns auch schwer,
wenn Du mal jemand' brauchst,
dann weißt Du, wo wir sind.
Du bist es und Du bleibst es auch immer,
unser Kind.

Unbekannt

Die Großeltern gratulieren zur Volljährigkeit
Es lebe alles, was wir lieben!
Sind wir auch nicht ganz jung geblieben,
so hat das Herz doch seinen Klang
bewahrt die vielen Jahre lang.
So wollen wir's auch weiter halten
und zählen uns nie zu den „Alten".
Wir wünschen, was man wünschen muss.
Gesundheit, Freude und zum Schluss
des Herzens stille Heiterkeit,
die jung erhält für alle Zeit!
Unbekannt

Aus Kindern werden Leute,
das wissen wir nicht erst seit heute.
Aufstand wird geprobt mit 16,
ich geh' allein in die Disco, heißt es mit 17.
Jetzt mit 18 wird die Sau rausgelassen,
dass alle anderen Feten verblassen.
Du bist nun endlich erwachsen,
pass schön auf Dich auf und mach keine Faxen.
Genieße das Leben, mach's Beste draus,
und hast Du mal Sorgen, steht Dir offen Dein Elternhaus.
Unbekannt

Trommeln wirbeln, Fanfaren klingen,
100 000 Freunde singen.
Flugzeuge malen Herzen ins Blau,
Glocken verkünden's im Morgengrau'n.
Autos auf sämtlichen Straßen tuten,
Schiedsrichter pfeifen Gedenkminuten.
Nachbarn beenden Zwist und Fehde,
der Kanzler fügt's ein in die sinnlose Rede.
Im Bundestag geht es von Mund zu Mund,
im Taxi tut es der Fahrer kund.
Dampfer dröhnen durchs Nebelhorn,
vor 18 Jahren bist Du gebor'n.

Unbekannt

Freundschaft, Liebe, Mut, Vertrauen,
auf diese Dinge sollst Du bauen.
Mit 18 darfst Du alles hoffen,
die Zukunft steht Dir ganz weit offen!

Unbekannt

18 Jahre wirst Du heute,
es kommen viele nette Leute.
Nun kannst Du alles selbst entscheiden,
aber auf dem Teppich sollst Du bleiben.
Du brauchst allein nicht alles tragen,
kannst immer Deine Eltern fragen.

Unbekannt

Vor 18 Jahren
kamst Du auf die Welt gefahren,
kamst geschwommen wie ein Hecht,
hattest Beinchen wie ein Specht,
warst so munter und so toll,
machtest Deine Windeln voll.
Auch heute noch, nach 18 Jahren,
sind wir froh, dass wir Dich haben.
Alles Liebe zum Geburtstag wünschen Dir Deine Eltern
Unbekannt

Erwachsen sein = Führerschein,
nie mehr fragen: „Wann muss ich heim?"
Entschuldigungen selber schreiben,
auf Feten bis zum Morgen bleiben.
Verantwortung jetzt selber tragen,
für alle Freuden, alle Plagen,
„Darf ich das Auto haben?" fragen.
Doch bei aller Freiheit, die Du hast gewonnen,
vergiss nicht das Nest, aus dem Du gekommen.
Unbekannt

Vor 18 Jahren wurde unser größter Wunsch wahr,
denn da warst Du, unser kleines Mädchen, da.
Die Jahre vergingen, man sieht es genau,
der „Winzling" von damals ist jetzt eine junge Frau.
Manchmal ging es bei uns ganz schön rund,
doch liebe …, das Leben ist nicht immer bunt.
Die Ängste und Sorgen Deiner Eltern wirst Du sicherlich erst dann verstehen,
wenn auch mit Dir kleine Füße durchs Leben gehen.
Wir lieben Dich sehr und sind immer für Dich da,
und so Gott will, haben wir noch viele schöne Jahr'.
Von Mama und Papa und allen, die Dich lieb haben

Unbekannt

Zum 18. Geburtstag
Bau dein Nest, weil der Frühling währet,
Luftig bau's in die Welt hinein;
Wagen gewinnt, Schwäche zerrinnt.
Wage! Dulde!
Die Welt ist dein.

Ernst Moritz Arndt

Geburtstag allgemein

Wir wünschen alles Gute
zu Deinem neuen Jahr.
Es soll noch besser werden
als das alte war.
Glück, Freude und Gesundheit
soll'n Dir beschieden sein,
und dieses kleine Päckchen,
das ist von nun an Dein.
Wir haben uns versammelt
an diesem schönen Ort.
Und wenn's jetzt nichts zu essen gibt,
dann geh'n wir wieder fort!

Unbekannt

Will das Glück nach seinem Sinn
dir was Gutes schenken,
sage Dank und nimm es hin
ohne viel Bedenken.
Jede Gabe sei gegrüßt,
doch vor allen Dingen:
Das, worum du dich bemühst,
möge dir gelingen.

Wilhelm Busch

Was ist eigentlich alt? Was ist jung?
Jung, wo die Zukunft vorwaltet.
Alt, wo die Vergangenheit die Übermacht hat.
Novalis

Trink, solang der Becher winkt,
genieße Deine Tage,
ob man „oben" auch noch trinkt,
das ist sehr die Frage.
Aus Salzburg

Mit einem Blumenstock
Man sagt, an solchen Tagen sei es Pflicht,
Sich selber einen Spiegel vorzuhalten:
Ich bring ihn dir; verschmäh dies Blümchen nicht!
Es soll dir deinen eig'nen Wert entfalten.
Sieh der bescheidenen Reseda Blüte.
Ein Bild der Menschenfreundlichkeit,
Die ohne Prunk, voll innerer Herzensgüte,
Den Wohlgeruch der tät'gen Liebe streut.
Eduard Mörike

Du liebst Musik, mal leis', mal laut.
Die Sammlung schießt so recht ins Kraut.
Von A wie ABBA bis Z wie ZAPPA,
der Platz im Regal wird immer knapper.
Kaum zu glauben, was du willst hören!
Sogar etwas von den Fischerchören.
Nun schenke ich dir diese CD,
ich hoffe, die ist für dich okay!

Gerald Drews

Aus der Ferne diesen Wunsch:
Glückliche Sterne
Und guten Punsch!
Jene für immer,
Diesen für heut' –
Und nimm nichts schlimmer
Als Gott es beut.
Raffe dich, sammle dich,
Eins, zwei, drei,
Und verrammle dich
Gegen Hinschlepperei.
Brich, was nicht halten will,
Brich es entzwei!
Aber hältst du still –
Ist es vorbei.

Theodor Fontane

Leben kann man nur vorwärts,
das Leben verstehen nur rückwärts.
Søren Kierkegaard

Liebe/Lieber …, ich bin hier,
und ich gratuliere Dir;
wünsche Dir das Allerbeste
heut' zu Deinem Wiegenfeste.
Welken meine Blumen auch dahin,
nie verwelkt, was wir erhoffen:
Heiterkeit und froher Sinn
halten unsre Herzen offen!
Unbekannt

Das Schönste am Schenken
ist das Leuchten in den Augen des Beschenkten.
Aus Russland

Man bleibt jung,
solange man noch lernen,
neue Gewohnheiten annehmen
und Widerspruch ertragen kann.
Marie von Ebner-Eschenbach

Gesundheit und ein heit'rer Sinn
führen leicht durchs Leben hin.

Aus Deutschland

Im Himmel, im Himmel sind der Freuden so viel,
Da sitzen die Engel und haben ihr Spiel.
Sie steigen, sie springen, sie haben einen Mut,
Sie teilen miteinander das ewige Gut.

Schwäbischer Kindervers

Man ist so alt, wie man sich fühlt.

Sprichwort

Als Du warst ein Kind wie ich,
mochtest Du doch sicherlich
an Familienfeiertagen
auch nicht gern Gedichte sagen.
Drum erspar die Verse mir
Und nimm einen Kuss von mir.

Unbekannt

Klugheit steckt nicht in den Jahren,
sondern im Kopf.

Aus Armenien

Das Leben ist ein Raub,
das Leben eine Beute:
Wer weiß, wer's morgen nimmt!
Wer's hat, genieß es heute!

Friedrich Rückert

Glücklich, wer jung in jungen Tagen;
glücklich, wer, mit der Zeit gestählt,
gelernt, des Lebens Ernst zu tragen.

Alexander Puschkin

Ich wünsch Dir die schönsten Vergnügungen dieser Welt:
sich in Gesundheit aalen,
im Geld schwimmen,
im Erfolg sonnen,
in Liebe tauchen
und in Glück baden.

Kalenderspruch

Alle Kunst ist der Freude gewidmet,
und es gibt keine höhere und
keine ernsthaftere Aufgabe,
als die Menschen zu beglücken.

Friedrich von Schiller

Der Weg zum Glück
Halte Hass fern von deinem Herzen,
belaste deine Gedanken nicht mit Sorgen.
Lebe einfach, erwarte wenig.
Sei freigiebig, singe oft,
bete ohne Unterlass.
Erfülle dein Leben mit Liebe.
Sende Sonnenstrahlen aus.
Denke nicht an dich,
sondern an andere.
Behandle andere Menschen so,
wie du willst, dass sie dich behandeln.
Das sind die bewährten Glieder
in der goldenen Kette der Zufriedenheit.
Aus Ägypten

Durchwandle froh und heiter
dein Leben Jahr für Jahr,
das Glück sei dein Begleiter,
dein Himmel ewig klar!
Volksmund

Nichts in der Welt ist so ansteckend
wie Gelächter und gute Laune.
Charles Dickens

Vergiss nicht, man benötigt nur wenig,
um ein glückliches Leben zu führen.

Marc Aurel

Alles fügt sich und erfüllt sich,
musst es nur erwarten können
und dem Werden deines Glückes
Jahr' und Feier reichlich gönnen.
Bis du eines Tages jenen
reinen Duft von Körnern spürest
und dich aufmachst
und die Ernte
in den tiefen Speicher führest.

Christian Morgenstern

Geburtstag ist wohl ohne Frage
der schönste aller Ehrentage.
Drum wollen wir keine Zeit verlieren,
zum Wiegenfest Dir gratulieren.
Wenn wir es auch nicht immer sagen,
wir wissen, was wir an Dir haben.
Denk stets daran, vergiss es nicht,
wir lieben und wir brauchen Dich.

Unbekannt

Für Großeltern

Jedes Kind hat eine Oma/einen Opa,
jede Oma/jeder Opa hat ein Kind,
und wir freuen uns von Herzen,
dass wir Omas/Opas Enkel sind.
Jeder Strahl hat eine Sonne, jede Sonne einen Strahl,
und wir wünschen unsrer Oma/unsrem Opa
Sonnenstrahlen ohne Zahl.
Jeder Stern hat einen Himmel, jeder Himmel einen Stern,
und wir haben unsre Oma/unsren Opa
über alle Sterne gern.

Unbekannt

Rosen seien dir im Leben
reichlich auf den Weg gestreut,
sollen leuchtend dich umgeben,
zum Geburtstag Glück und Freud.

Unbekannt

Glückwunsch! Jeder Tag im Leben
sei von Glück und Glanz umgeben;
rundherum sei alles heiter
und so weiter und so weiter!

Unbekannt

Für die Mutter

Auf … Jahr' blickst Du zurück,
auf manches Leid, auf manches Glück.
Liebe hast Du uns gegeben,
viel davon in Deinem Leben.
Heute möchten wir Dir sagen,
wie sehr wir Dir zu danken haben.
Bist immer da, wenn man Dich braucht,
und jung geblieben bist Du auch.
Doch, liebe Mama, eins ist klar,
auch wir sind immer für Dich da.

Unbekannt

… Jahre, Mann, o Mann,
sieht man Dir noch gar nicht an!
Der Computer hält Dich fit.
Ist das Dein besonderer Trick?
Mach so weiter Jahr um Jahr,
dann kriegst Du auch kein graues Haar.

Unbekannt

Heute gibt es eine große Feier,
nicht bei Müller, nicht bei Meier,
nein, bei … ist was los,
denn der/die …, der/die feiert groß.
 … Jahre und (k)ein bisschen weise,
wird das Fest nicht gerade leise.
Lauthals wollen wir jubilieren,
und Dir zum Geburtstag gratulieren.

Unbekannt

Alles Gute wünsch ich Dir,
was genau, das sag ich Dir.
Einen Tag ganz ohne Eile,
doch auch ohne Langeweile.
Ganz viel Spaß an schönen Sachen,
mit lieben Menschen auch mal lachen.
Gesundheit, Freude und auch Mut,
denn das tut allen Menschen gut.
Und weil ich heute an Dich denk,
bekommst Du von mir dieses Geschenk.

Unbekannt

Ja, auf das Geburtstagskind
trink ich einen kräftigen Schluck,
und darin enthalten sind:
Glückwunsch, Gruß und Händedruck.

Unbekannt

Die Welt braucht immer, heut' wie morgen,
die treuen Herzen, die sich sorgen.
Sie braucht die hilfreich gute Hand,
sie braucht viel Liebe und Verstand.
Sie braucht, wer gäbe das nicht zu,
mehr Omas/Opas so wie Du!
Alles Liebe zum Geburtstag!

Unbekannt

In Liebe, Güte und Elan
hast Du so viel für uns getan,
auf manches Leid und auch auf Glück
schaust Du mit ... Jahren nun zurück.
Doch denk nur an die guten Zeiten,
sie sollen weiter Dich begleiten.

Unbekannt

Jetzt wirst Du ..., alter Knabe,
der Lack ist ab, verliert die Farbe.
Kein Grund zur Panik, denk daran,
Antikes kommt jetzt prima an.
So lass die anderen ruhig reden,
wer hat, der hat – so ist das Leben.
Wenn das Herz ist jung geblieben,
kann die Zeit Dich nicht besiegen!

Unbekannt

Zum Geburtstag recht viel Glück,
immer vorwärts, nie zurück,
wenig Arbeit, recht viel Geld,
große Reisen in die Welt,
jeden Tag gesund sich fühlen,
sechs Richtige im Lotto spielen,
ab und zu ein Gläschen Wein,
dann wirst Du immer glücklich sein.

Unbekannt

Runder Geburtstag

Wenn Du jung bist, merkst Du's nicht,
alles ist Dir selbstverständlich.
Leben scheint im Morgenlicht
unzerstörbar, ganz unendlich.
Lebst von Tag zu Tag und ahnst
manchmal zwar auch Schicksals Schwere,
doch Du hoffst trotzdem und planst,
als ob Leben ewig währe.
Doch wenn Alter Dich befällt,
kommen andere Gedanken.
Die Gesundheit in der Welt
erst geschätzt wird von den Kranken. ▶

▶ Und Du merkst auf einmal schwer,
wie so rasch die Jahre schwinden,
alles anders um Dich her,
kannst Dich oft zurecht nicht finden.
Merkst nur eins auf jeden Fall,
dass Dein Ich sehr nebensächlich
und im großen Weltenall
ohne Bindung, klein und schwächlich.
Große Güte hält Dich fest,
was gewesen, wird verständlich,
Sorgenzweifel Dich verlässt,
inn'res Leben wird unendlich.
Und Du fühlst Dich glücklich doch,
kannst noch hoffen, glauben, lieben.
Denn Du bist trotz allem noch
in der Seele jung geblieben.
Gesundheit und frohe Stunden zum 80. Geburtstag!

Unbekannt

Alter schützt vor Torheit nicht.

Sprichwort

Die Falten um die Stirne dein,
lass sie nur heiter ranken;
das sind die Narben, die darein
geschlagen die Gedanken.

Victor von Scheffel

Reif sein ist alles!
William Shakespeare

Liebe/Lieber ..., ist es nicht toll?
Du machst heut' die ... voll.
Auf viele Jahre blickst Du nun zurück,
auf manche Sorgen, manches Glück.
Man muss es einmal deutlich sagen,
hast viel geschafft in all den Jahren.
Bist immer da, wenn man Dich braucht,
und jung geblieben bist Du auch.
Bleib wie Du bist, treib's nicht zu doll,
dann machst Du auch die 100 voll.
Unbekannt

Die Zeit ist eine geräuschlose Feile.
Aus Italien

Der Rost macht erst die Münze wert.
Johann Wolfgang von Goethe

Des Menschen Alter

Ein Kind vergisst sich selbst;
ein Knabe kennt sich nicht;
ein Jüngling acht' sich schlecht;
ein Mann hat immer Pflicht;
ein Alter nimmt Verdruss;
ein Greis wird wieder Kind –
was meinst du, was doch dies
für Herrlichkeiten sind.

Friedrich von Logau

Zum Dreißigsten

Heute morgen, ach du Schreck,
die 2 und auch die 9 sind weg.
Die 3 und die 0, sie kommen schnell,
ab heute sind sie aktuell.
Und wenn man rechnet 2 + 9,
muss 3 + 0 doch weniger sein?
Drum freu Dich an der neuen Zahl,
es bleibt Dir keine andre Wahl!

Unbekannt

Fünfunddreißig Jahre ist ein reizvolles Alter.
Es gibt Damen allerhöchster Geburt,
die aus freier Wahl jahrelang fünfunddreißig bleiben,
nachdem sie vierzig geworden sind.

Oscar Wilde

Alles Gute senden wir
zu Deinem 40er/50er/60er/… mit dieser Karte hier.

Unbekannt

Es heißt wohl: Vierzig Jahre ein Mann!
Doch Vierzig fängt die Fünfzig an.
Es liegt die frische Morgenzeit
Im Dunkel unter mir so weit.
Dass ich erschrecke, wenn ein Strahl
In diese Tiefe fällt einmal.
Schon weht ein Lüftlein von der Gruft,
Das bringt den Herbstresedaduft.

Theodor Storm

Nun hast auch du die Vierzig (Fünfzig, Sechzig) voll.
Wir finden das hier alle toll.
Hoch lebe das Geburtstagskind,
An dessen Seite wir heut' sind!
Um mal den Alltag zu vergessen
Und zu feiern dich stattdessen.
Doch jetzt ist Schluss mit dem Gerede!
Drum hoch die Tassen stante pede!

Gerald Drews

Zu Fünfzigen fehlt nur noch eins:
In Gottes Namen immer weiter!
Nur mutig, nur gesund und heiter!
Dein Glück, dein Leben ist auch meins.

Eduard Mörike

Unaufhaltsam, still und leise
mehren sich die Jahreskreise.
Plötzlich macht im Gang der Zeit
eine runde Zahl sich breit.
Wenn Du heute früh erwachst,
hast Du die 40/50/60/… vollgemacht.
Ein jedes Jahr hat seinen Sinn,
so wie es kommt, so nimm es hin.
Für alles, was Du tust, hab Dank!
Bleib stets gesund, werd niemals krank!

Unbekannt

Ich wünsch Dir alles Gute
zu Deinem 30./40./… Jahr.
Es soll noch besser werden,
als es das letzte war.
Glück, Liebe und Zufriedenheit
wünsche ich Dir jederzeit!

Unbekannt

50 Jahre sind vorbei,
nicht alle waren sorgenfrei.
Viel Arbeit hast Du Dir gemacht
und niemals nur an Dich gedacht.
Auf 50 Jahre blickst Du nun zurück:
auf Freud und Leid, auf manches Glück.
Und heute wollen wir Dir sagen:
Es ist gut, dass wir Dich haben.
Bleib wie Du bist, wie man Dich kennt,
und noch mal 50 sind Dir vergönnt.

Unbekannt

Du bist nun sechzig.
Ist das nicht prächtig?
Dieses neue Jahrzehnt
hast Du zwar nicht ersehnt,
aber dennoch erreicht,
daher nimm es jetzt leicht!
Erfreu Dich daran,
weil es schön werden kann,
so mit Enkeln und Pension,
denn die warten ja schon!

Unbekannt

Auch mit sechzig kann man noch vierzig sein –
aber nur noch eine halbe Stunde am Tag.

    Anthony Quinn

Mit 70/80/90 noch fast perfekt,
denn Lebenslust in Deinen Adern steckt.
Wir wünschen Dir zu Deinem Fest,
dass Du es dabei auch belässt!
Gesundheit, Freude und viel Glück
schau immer vorwärts – nie zurück!

    Unbekannt

Nachträglich

Ich gratuliere freilich nun zu spät;
doch schlimmer wär's, wenn ich's gar nicht tät.
Mein Gruß erfüllt, so hoff ich immerhin,
auch so noch seinen Zweck und seinen Sinn.

    Unbekannt

Rund um die Ehe

Verlobung

Wenn er und sie sich verloben,
verändert sich das ganze Leben,
denn sie wollen feierlich geloben,
sich als Braut und Bräutigam zu geben.
Wir wünschen, dass dies Liebesstück
münden wird in ewigem Glück.

Unbekannt

Verlobungszeit ist schönste Zeit;
Liebe wächst und Gemeinsamkeit.
Wir wünschen, dass Ihr stets findet,
was immer fester Euch zusammenbindet!

Johann Wolfgang von Goethe

Petersilie, Suppenkraut
wächst in unserm Garten.
Unser Annchen ist die Braut,
kann nicht länger warten.
Roter Wein, weißer Wein,
morgen soll die Hochzeit sein.

Volksgut

Glück ist, was lächeln macht,
was Angst, Sorge, Ungewissheit vertreibt
und inneren Frieden schenkt.
Es ist ein magisches Licht im Herzen eines Menschen,
dessen Liebe von Liebe erfüllt ist.

Sinnspruch

Freundschaft und Liebe erzeugen das Glück des
menschlichen Lebens wie zwei Lippen den Kuss,
welcher die Seele entzückt.

Friedrich Hebbel

Was das für ein Gezwitscher ist!
Durchs Blau die Schwalben zucken
und schrei'n: Sie haben sich geküsst!
Vom Baum Rotkehlchen gucken.
Der Storch stolziert auf einem Bein:
Da muss ich fischen gehen.
Der Abend wie im Traum darein
schaut von den stillen Höhen.

Joseph von Eichendorff

Gibt es schließlich eine bessere Form,
mit dem Leben fertig zu werden,
als mit Liebe und Humor?

Charles Dickens

Addieren Sie all Ihre kleinen Glücksmomente, und Sie werden erkennen, dass wir dem Glück nicht nachzujagen brauchen, weil es rings um uns wartet.
Sergio Bambaren

Ich gratuliere gern – so will's der Brauch –
dem Brautpaar nun, und der Verwandtschaft auch!
Unbekannt

Das Glück ist ein Mosaikbild,
das aus vielen kleinen Freuden zusammengesetzt ist.
Unbekannt

Eine Verlobung ist die bedingte Verurteilung zu lebenslänglicher Doppelhaft mit vorläufigem Strafaufschub.
August Strindberg

Das wahre Glück im Leben,
dass sind die kleinen Sonnenstrahlen,
die uns jeden Tag auf den Weg fallen.
Unbekannt

Das Wort „Verlobung" hört man gern,
weil man gestehen muss:
Das ist für Damen und für Herrn
ein herzlicher Entschluss.
Stets sei Euch sehr verliebt zumute.
Von Herzen Glück! Und alles Gute!

Unbekannt

Liebe ohne Treue,
Beichte ohne Reue,
Feuer ohne Brände
Haben bald ein Ende.

Wolfram von Eschenbach

Der Mensch ist gerade so glücklich,
wie er es nach seinem eigenen Entschluss sein will.

Abraham Lincoln

Lasst die Verlobungsfahnen
im frischen Wind nun wehen!
Wie schön, zu zweit zu planen
und einen Weg zu gehen!

Unbekannt

Ich wünsch Euch – einem mit dem andern –
ein fröhliches Zusammenwandern
getrosten Mutes, Hand in Hand,
hinein in ein glückliches Zukunftsland.
Was Ihr erreicht, wo Ihr auch schreitet,
was Euch das Leben alles bereitet
an Freuden und Leiden, an Glück und Pein:
Ihr sollt stets eines und einig sein!

Unbekannt

Vergleichbar den Verlobungsringen
aus echtem, fugenlosem Gold,
so bleibe euch in allen Dingen
das Glück der Liebe immer hold!

Unbekannt

Grüße zur Verlobung! Nun beginnt
eine Zeit, in der man sich besinnt:
Vieles braucht man; Teller, Töpfe, Leiter,
Möbel, Teppiche – na, und so weiter.
Fügt in Euren Hausrat dieses Stück.
Herzlich gratuliere ich: Viel Glück!

Unbekannt

Das Glück kann nicht wie ein mathematischer Lehrsatz
bewiesen werden,
es muss empfunden werden, wenn es da sein soll.
Heinrich von Kleist

Das große Glück besteht in einer außerordentlich
glücklichen Familie. Der beste Weg, wirkliches Glück
im Leben zu erlangen, ist der: Geh aus dir hinaus, ohne
Bedachtsamkeit nach allen Seiten, wie eine Spinne; webe
ein solides Gewebe aus dem Stoff Liebe und fange darin
alles, was du triffst: ein altes Weib, ein Kind, ein Mädchen
oder einen Polizisten.
Leo Tolstoi

Die Verlobung ist ein Test,
ob es sich gut leben lässt,
miteinander trotz der Macken
auch Probleme anzupacken.
Hiermit wünsche ich das Beste
heute zum Verlobungsfeste.
Unbekannt

Zur Verlobung heut',
die mich herzlich freut,
stellt mein Gruß sich ein.
Und die kleine Gabe,
die ich für Euch habe,
möge nützlich sein!

Unbekannt

Das Glück deines Lebens
hängt von der Beschaffenheit deiner Gedanken ab.

Marc Aurel

Hochzeit

Wieder zwei Singles weniger, aber dafür ein Traumpaar mehr.
Mögt Ihr immer auf Wolke sieben schweben!
Gemeinsam geht Ihr immer den richtigen Weg.

Unbekannt

Entsinnst du dich
der kleinsten Torheit nicht,
in welche dich die Liebe je gestürzt,
so hast du nicht geliebt.

William Shakespeare

Ein Kuss ist ein Lippenbekenntnis zur Liebe.
Unbekannt

Vom Bräutigam an die Braut
Jedes Mal, wenn ich in Deine Augen sehe, fühle ich mich,
als würden zwei Sterne mich umschließen. Nichts kann
diese Liebe zerstören, diese innige Liebe zu Dir. Keine
andere ist so wie Du, so lieb, so süß … Es ist einfach
ein Traum aus Vertrauen und Zärtlichkeit. Halt mich fest
und lass mich nie wieder los. Nimm Dir mein Herz,
es wartet auf Dich ein ganzes Leben lang!
Unbekannt

Mit einem Album und dem Brautkranz
Ich bringe dir ein leeres, weißes Buch,
Die Blätter drin noch ohne Bild und Spruch.
Sie sollen einst, wenn sie beschrieben sind,
Dir bringen ein Erinnern hold und lind
An liebe Worte, die man zu dir sprach,
An treue Augen, die dir blickten nach.
Drauf leg ich dir von dunklem Myrtenreis
den grünen Kranz, der aller Kränze Preis.
Nimm ihn getrost! Denn muss ich auch gesteh'n,
er wird, wie alles Laub, dereinst vergeh'n,
so weiß ich doch, wenn Tag um Tag entschwand,
hältst du den Zweig mit Früchten in der Hand.
Theodor Storm

Einen Menschen zu lieben heißt einzuwilligen,
mit ihm alt zu werden.

Albert Camus

Die Liebe ist Leidenschaft
und nur die Leidenschaft ist das Wahrzeichen der
Existenz.

Ludwig Feuerbach

Liebe ist die einzige Sklaverei,
die als Vergnügen empfunden wird.

George Bernard Shaw

Ihr seid nun eins, ihr beide,
und wir sind mit euch eins.
Trinkt auf der Freude Dauer
ein Glas des guten Weins!

Unbekannt

Was ist denn Liebe? Sag!
Zwei Seelen und ein Gedanke,
zwei Herzen und ein Schlag.

Friedrich Halm

Wo Herz, da auch Glück.

Aus Polen

Die Liebe ist immer eine Art Wahnsinn,
mehr oder minder schön.

Heinrich Heine

Das Glück erkennt man nicht mit dem Kopf,
sondern mit dem Herzen.

Aus Norwegen

Um den vollen Wert des Glücks zu erfahren,
brauchen wir jemand, um es ihm mitzuteilen.

Mark Twain

Nicht die Vollkommenen,
sondern die Unvollkommenen bedürfen der Liebe.

Oscar Wilde

Für den Bräutigam
Ich hab dich lieb – weißt du eigentlich wie sehr?
Ich hab dich lieb – einfach weil es dich gibt.
Ich hab dich lieb – einfach weil du für mich da bist,
wann immer ich dich brauche.
Ich hab dich lieb – einfach weil du mich verstehst.
Ich hab dich lieb – einfach nur lieb.

Unbekannt

Mir ist, als müsst ich singen
So recht aus tiefster Lust
Von wunderbaren Dingen,
Was niemand sonst bewusst.
O könnt ich alles sagen!
O wär ich recht geschickt!
So muss ich still ertragen,
Was mich so hoch beglückt.

Joseph von Eichendorff

Das Glück ist das einzige,
das sich verdoppelt, wenn man es teilt.

Albert Schweitzer

Wenn du das Wort Glück verstehen willst,
so musst du es als Lohn
und nicht als Ziel verstehen,
denn sonst hat es keine Bedeutung.

Antoine de Saint-Exupéry

Jeder hat sein eigen Glück unter den Händen wie der Künstler eine rohe Materie, die er zu einer Gestalt umbilden will.
Aber es ist mit dieser Kunst wie mit allen; sie will gelernt und sorgfältig ausgeübt sein.

Johann Wolfgang von Goethe

Schick nicht ins Leben
spähend deine Blicke,
das Glück erwartend
mit der Sehnsucht Pein.
Bau dir zum Glück
mit eigner Hand die Brücke.
Beglücke du,
dann wirst du glücklich sein.

Rainer Maria Rilke

Ich möchte glücklich sein,
um glücklich machen zu können.
Kein Glück ohne Gast.

Christian Morgenstern

Gerader Blick und leises Erröten – das ist die Geburt der Liebe!
Reiner Einklang der Herzen – das ist Liebe.
Ganz miteinander gehen im Fühlen und im Leben – das ist Liebe.
Auge in Auge – Seele in Seele – das ist Liebe in Liebe.
Liebe ist immer Ganzbeziehung des einen Menschen zum andern.

Julius Langbehn

Liebe ist eine Reise in ein unbekanntes Land.
Man muss nur den Mut haben, sich darauf einzulassen,
ohne zu wissen, was vor einem liegt.

Unbekannt

Deine erste Pflicht ist, dich selbst glücklich zu machen.
Bist du glücklich, so machst du auch andere glücklich.
Der Glückliche kann nur Glückliche um sich sehen.

Ludwig Feuerbach

Liebe ist ein Glas, das zerbricht,
wenn man es zu unsicher oder zu fest hält.

Aus Russland

„Es war einmal ...", beginnt's im Märchen.
Doch das gilt nicht für unser Pärchen.
Stattdessen leite „Es wird sein"
den Anfang der Geschichte ein,
die mit dem heut'gen Tag beginnt,
an der das Schicksal emsig spinnt
bis hin zu Kind und Kindeskind.
„Es werde sein, schön wie ein Traum.
Es gebe an des Lebens Baum
der Blüten und der Früchte viele.
Erreichbar seien alle Ziele.
Nie sei die Last euch allzu schwer!"

Unbekannt

Der Verliebte hat keine Zeit, geistreich zu sein.
  Stendhal

Vom Bräutigam an die Braut
Du bist wie eine Blume
So hold und schön und rein;
Ich schau dich an, und Wehmut
Schleicht mir ins Herz hinein.
Mir ist, als ob ich die Hände
Aufs Haupt dir legen sollt',
Betend, dass Gott dich erhalte
So rein und schön und hold.
  Heinrich Heine

Dort, wo man liebt,
wird es niemals Nacht.
  Afrikanisches Sprichwort

Ich will geliebt sein oder ich will begriffen sein.
Das ist eins.
  Bettina von Arnim

Was ist Liebe?
Eine Hütte nicht gegen einen Palast eintauschen
wollen, Untugenden und Fehler lächelnd übersehen,
Hingabe ohne geringstes Zögern.
  Aus China

Gemeinsam alles tragen: die Freude und den Schmerz.
Gemeinsam alles wagen: Das bindet Herz an Herz.
So sollt Ihr vorwärts schauen, und so schaut Ihr zurück:
Aus liebendem Vertrauen erwächst beständ'ges Glück!
Für den kommenden, gemeinsamen Lebensweg
wünschen wir Euch von ganzem Herzen alles Glück
der Welt,
viel Freude und Zufriedenheit, viele Glücksmomente,
Geduld und Verständnis füreinander und immer den Weg
zueinander.
Habt auch in schweren Zeiten immer ein Lächeln
füreinander bereit!

Unbekannt

Es ist Nacht,
und mein Herz kommt zu dir,
hält's nicht mehr aus,
hält's nicht mehr aus bei mir.
Legt sich dir auf die Brust
wie ein Stein,
sinkt hinein,
zu dem deinen hinein.
Dort erst,
dort erst kommt es zur Ruh,
liegt am Grund
seines ewigen Du.

Christian Morgenstern

Glück und Segen mögen alle Zeiten
durch ein langes Leben Euch begleiten!
Unbekannt

Dich liebt' ich immer,
dich lieb' ich noch heut'
und werde dich lieben in Ewigkeit.
Ludwig Uhland

Zum Lebenswandel Hand in Hand:
Viel Glück! Viel Liebe! Viel Verstand!
Geht allezeit im gleichen Schritt;
dann gehen Glück und Liebe mit!
Unbekannt

Glück und Segen mögen allezeit Euch begleiten.
Alles Gute für die gemeinsame Zukunft wünschen …
Unbekannt

Herzlichen Glückwunsch und alles Gute für Eure
gemeinsame Zukunft!
Wir freuen uns von ganzem Herzen über Eure
Entscheidung.
Unbekannt

Lieben – das heißt Seele werden wollen in einem anderen.

Friedrich Schleiermacher

Liebeslied
Wie soll ich meine Seele halten,
dass sie nicht an deine rührt?
Wie soll ich sie hinheben über sich zu andern Dingen?
Ach gerne möcht ich sie bei irgendwas
Verlorenem im Dunkeln unterbringen
an einer fremden stillen Stelle, die nicht weiterschwingt,
wenn deine Tiefen schwingen.
Doch alles, was uns anrührt, dich und mich,
nimmt uns zusammen wie ein Bogenstrich,
der aus zwei Saiten eine Stimme zieht.
Auf welches Instrument sind wir gespannt?
Und welcher Geiger hat uns in der Hand?
O süßes Lied.

Rainer Maria Rilke

Die Liebe ist das Wohlgefallen am Guten;
das Gute ist der einzige Grund der Liebe.
Lieben heißt jemandem Gutes tun wollen.

Thomas von Aquin

Der Kuss
Die süße Näscherei
Ein liebreich Mündleinkuss,
Macht zwar niemanden fett,
Stillt aber viel Verdruss.
    Friedrich von Logau

Wenn die Hochzeitsglocken läuten,
soll ihr Rufen dies bedeuten:
Nichts kann Eure Liebe rauben,
steht Ihr fest und klar im Glauben!
    Unbekannt

Wer sich mit Liebe wappnet,
überwindet Zorn, Elend,
Übermacht und Missgeschick.
    Michelangelo

Es sei in einem langen Leben
das junge Paar von Glück umgeben.
Was immer in der Welt geschehe:
Stets liebevoll sei Eure Ehe!
    Unbekannt

Ich bin mir meiner Seele
In deiner nur bewusst,
Mein Herz kann nimmer ruhen
Als nur an deiner Brust!
Mein Herz kann nimmer schlagen
Als nur für dich allein.
Ich bin so ganz dein eigen
So ganz auf immer dein.

Theodor Storm

Herzlich: Guten Ehestart!
Lauter Glück! Und gute Fahrt!
Eure Liebe soll vor allen Dingen
stetig Euch einander näherbringen.
Niemals lasse Euch das Glück im Stich.
Jeder wünscht Euch das; vor allem ich!

Unbekannt

Aus Lieb' oder Vernunft zu frei'n?
Wie sollte es nicht dasselbe sein?
Da es doch nichts Vernünftigeres gibt,
Als eine nehmen, die man liebt.

Paul Heyse

Hochzeitsjubiläen

Eheschließung	Grüne Hochzeit
½ Jahr	Traumhochzeit
1 Jahr	Papierhochzeit
2 Jahre	Baumwollhochzeit
3 Jahre	Lederhochzeit
4 Jahre	Seidenhochzeit
5 Jahre	Holzhochzeit
6 Jahre	Zinnhochzeit
7 Jahre	Kupferhochzeit
8 Jahre	Blechhochzeit
9 Jahre	Keramikhochzeit
10 Jahre	Rosenhochzeit
11 Jahre	Stahlhochzeit
12 Jahre	Nickelhochzeit
12½ Jahre	Bronzehochzeit
13 Jahre	Kristallhochzeit
14 Jahre	Elfenbeinhochzeit
15 Jahre	Veilchenhochzeit
20 Jahre	Porzellanhochzeit
25 Jahre	Silberne Hochzeit
30 Jahre	Perlenhochzeit
35 Jahre	Leinenhochzeit
37½ Jahre	Aluminiumhochzeit
40 Jahre	Rubinhochzeit
45 Jahre	Messinghochzeit
50 Jahre	Goldene Hochzeit
60 Jahre	Diamantene Hochzeit
65 Jahre	Eiserne Hochzeit
67½ Jahre	Steinerne Hochzeit
70 Jahre	Gnadenhochzeit
75 Jahre	Kronjuwelenhochzeit

Alles Gute zur silbernen Hochzeit!
Ein viertel Jahrhundert geteilt Freud und Leid. Habt
Euch zusammengerauft, Kompromisse geschlossen,
manchmal gestritten – doch oft auch gelacht.
Ich wünsche Euch weitere glückliche 25 Jahre
Gemeinsamkeit.
   Unbekannt

Alles, was die Seele durcheinanderrüttelt,
ist Glück.
   Arthur Schnitzler

Ich bin klein, mein Wunsch ist klein:
Das Silberpaar soll glücklich sein.
Was wir heut' mit Silber kränzen,
möge einst im Golde glänzen!
   Volksmund

So vor fünfundzwanzig Jahren
standet Ihr am Traualtar.
Und der Zukunft Tage waren
Euch und anderen noch nicht klar.
Aber heut' im Freundeskreise
schaut Ihr zurück auf Eure Reise,
für das Ziel, das nicht mehr Schein,
stehen Kind und Enkel ein.

Franz Grillparzer

Wer je gelebt in Liebesarmen,
Der kann im Leben nie verarmen;
Und müsst' er sterben fern, allein,
Er fühlte noch die sel'ge Stunde,
Wo er gelebt an ihrem Munde
Und noch im Tode ist sie sein.

Theodor Storm

Selig durch die Liebe
Götter – durch die Liebe
Menschen Göttern gleich!
Liebe macht den Himmel
Himmlischer – die Erde
zu dem Himmelreich.

Friedrich von Schiller

Die Liebe hat eine göttliche Kraft,
wenn sie wahrhaft ist und das Kreuz nicht scheut.

Johann Heinrich Pestalozzi

Die Jahre kommen und gehen,
Geschlechter steigen ins Grab,
Doch nimmer vergeht die Liebe,
Die ich im Herzen hab'.
Nur einmal noch möcht ich dich sehen,
Und sinken vor dir aufs Knie,
Und sterbend zu dir sprechen:
„Madame, ich liebe Sie!"

Heinrich Heine

Silber, so war es schon immer,
gilt als ein edles Metall,
selbst in des Mondes Schimmer
glänzt es uns aus dem All.
Silber wob euch das Leben
wie eine Krone ins Haar.
Und diese Krone eben
glänzt einem glücklichen Paar.

Unbekannt

Der erste Mai

Der erste Tag im Monat Mai
ist mir der glücklichste von allen.
Dich sah ich und gestand dir frei,
den ersten Tag im Monat Mai,
dass dir mein Herz ergeben sei.
Wenn mein Geständnis dir gefallen,
so ist der erste Tag im Mai
für mich der glücklichste von allen.

Friedrich von Hagedorn

Herzliche Glückwünsche zur silbernen Hochzeit.
Ihr habt in 25 Jahren Schwierigkeiten überwunden und
immer wieder zusammengefunden.
Das wünschen wir Euch auch für Eure weitere Zukunft.

Unbekannt

Liebe ..., lieber ...,
die herzlichsten Glückwünsche zu eurer Silberhochzeit
am heutigen Tag.
Mögen euch beide noch viele gemeinsame glückliche und
gesunde Jahre beschieden sein.
Dies wünschen euch von ganzem Herzen ...

Unbekannt

Ihr seid verheiratet nun 25 Jahr.
So kommt es, dass Ihr jetzt vor uns steht als Silberpaar.
Dazu wünschen wir Euch noch viele Jahre voller Freude
und glücklicher Zweisamkeit.
In diesem Sinne die herzlichsten Glückwünsche,
alle Liebe und Gute für Euch.
> **Unbekannt**

Die Liebe erscheint als das schnellste,
ist jedoch das langsamste aller Gewächse.
Weder Mann noch Frau wissen,
was vollkommene Liebe ist,
ehe sie nicht ein Vierteljahrhundert verheiratet waren.
> **Mark Twain**

Fünfzig Jahre lang zu zweit,
ein ganzen Leben Seit' an Seit'.
Höhen waren und auch Tiefen,
manchmal gar die Tränen liefen.
Aber alles ging vorbei –
zusammen hielten diese zwei.
Sie haben Gottes Wort erfüllt,
des Herzens Sehnsucht auch gestillt.
Sie wurden eins nach Gottes Rat,
ein Ganzes sind sie – ohne Naht.
Herzlich gratulieren alle
und gehen zu dem Freudenmahle.
Das Jubelpaar, es lebe hoch
und lebe glücklich weiter noch.
    Unbekannt

Nun sitzt Ihr da als goldnes Paar
und freut Euch mit uns allen,
wir bringen beste Wünsche dar,
ein Hoch soll jetzt erschallen!
    Unbekannt

Gratulation dem goldenen Hochzeitspaar, um das sich heute alles dreht,
das nun schon lange fünfzig Jahr' gemeinsam durch das Leben geht.
Alles Gute für die weitere Zukunft und noch viele glückliche gemeinsame Jahre wünschen …
Unbekannt

Welcher Glanz und welcher Schimmer
leuchtet heut' in Eurem Zimmer
bei dem schönen Jubelfest,
das Euch Gott erleben lässt.
Unbekannt

Herzlichen Glückwunsch zur goldenen Hochzeit.
Wir wünschen Euch, dass Ihr den Sinn füreinander
und den Glauben aneinander auf Eurem gemeinsamen
zukünftigen Lebensweg nie verliert!
Unbekannt

Golden, silbern, eisern, ehern
nennt die Alter man der Welt,
und zum Niedern von dem Höhern
Schreitet fort sie, wird erzählt.
Doch der Mensch in unsern Tagen
sieht die Alter sich verkehrt!
Jugend, sie schon Sorgen plagen,
zeigt nun eisern ihren Wert.
Erzgewappnet geht das Leben,
selbst die Liebe wird zum Streit,
und dem stets erneuten Streben
liegt der Ruhe Glück so weit.
Erst nach durchgekämpften Jahren
lacht das Schicksal wieder hold,
und mit Silber in den Haaren
wird die Zeit, die Ehe – Gold.

Franz Grillparzer

Ob zwei Leute gut getan haben, einander zu heiraten,
kann man bei ihrer silbernen Hochzeit noch nicht wissen.

Marie von Ebner-Eschenbach

Liebe Eltern,
herzliche Glückwünsche zur goldenen Hochzeit!
Uns Kinder habt Ihr behütet und geführt mit Liebe,
Sorge und Treue.
Wir haben es all die vielen Jahre gespürt und wünschen
Euch darum für die Zukunft Gesundheit und Glück aufs
Neue!
   Unbekannt

Meine Güte, ist es wahr?
Nun feiert Ihr schon das 50. Jahr!
Drum wünschen wir Euch zu diesem Anlass eben
weiterhin viel Glück und Segen!
Alles Gute zur goldenen Hochzeit!
   Unbekannt

Das Herz der treuen Gattin,
das Herz des Gatten
ganz sein eigen nennen zu können,
in einem Herzen sich einzig
und ohne Ende geliebt zu wissen,
ist doch das süßeste Glück der Erde.
   Adalbert Stifter

Wenn Leute sich lieben,
dann bleiben sie jung füreinander.
   Paul Ernst

Mutter- und Vatertag

Für Mütter

Könnt ich malen, wie ich wollte,
bekämst Du ein Bild.
Könnt ich singen, wie ich sollte,
sänge ich ganz wild,
bis es jeder hört, wie sehr
ich Dich liebe – und noch mehr!
    Unbekannt

Bring Blumen getragen,
kann noch nicht viel sagen,
lieb' Mütterchen mein,
Du weißt's ja allein.
Doch küss ich Dich herzlich und froh,
nicht wahr, Du verstehst mich auch so?
    Unbekannt

Was soll ich Dir sagen? Ein langes Gedicht?
Ich hab Dich lieb! Mehr weiß ich nicht!
    Unbekannt

Mutter, schallt es immerfort
und fast ohne Pause.
Mutter hier und Mutter dort
in dem ganzen Hause.
Überall zugleich zu sein,
ist ihr nicht gegeben.
Sonst wohl hätte sie, ich mein,
ein bequemes Leben.
Jedes ruft und auf der Stell'
will sein Recht es kriegen.
Und sie kann doch nicht so schnell
wie die Schwalben fliegen!
Ich fürwahr bewundre sie,
dass sie noch kann lachen.
Was allein hat sie für Müh',
alle satt zu machen!
Kann nicht einen Augenblick
sich zu ruh'n erlauben.
Und das hält sie gar für Glück!
Sollte man es glauben?

Unbekannt

Maiglöckchen
Weiß und grün ist mein Strauß,
hübsch bescheiden sieht er aus.
Frisch vom Wald kommt er herein,
nicht nur er duftet fein.
Liebe Mutter, er bringt mit
meinen Dank und lauter Glück.
Unbekannt

Weil heut' der Tag der Mutter ist, bring ich dir einen Strauß.
Komm, suche dir doch noch etwas von meinem Spielzeug aus.
Ich schenke dir, was dir gefällt, ist es mir noch so wert:
den Fußball und das Bilderbuch und selbst mein Schaukelpferd.
Und wenn ich groß gewachsen bin und Geld verdienen kann,
so kauf ich dir, mein Mütterlein, das Allerbeste dann.
Ich kaufe dir dann Zuckerzeug und Brezeln und Konfekt
und freue mich, mein Mütterlein, wenn es dir herzlich schmeckt.
Unbekannt

Als ich heute aufgewacht,
habe ich sogleich gedacht,
dass heut' der Tag der Mutter ist.
Wehe, wenn man das vergisst!
Doch ich hab es nicht vergessen,
spreche mein Verslein ganz gemessen.
Kurz ist's, und ich komm zum Schluss:
Mutti, Du kriegst einen Kuss!

Unbekannt

Mutter, ich grüß dich so hübsch und so fein,
soviel als Rosen im Garten drin sein,
soviel als der Mäher an Gräsern abmäht,
soviel als der Sämann an Körnern aussät.
Soviel als Fische durchs Wasser schießen,
soviel und noch hunderttausend Mal mehr will ich dich grüßen.
Und wenn die Welt ein Tintenfass wäre
und der Himmel aus Pergament
und auf jedem Stern ein Schreiberling wäre,
der da schrieb mit Füßen und Händ'
und schriebe so fort bis in den Advent:
Meine Treue und Liebe hätten noch lange kein End'!

Unbekannt

Brief an die Mutter aus der Ferne

Wenn ich nur ein Vöglein wär,
käm ich zu dir geflogen,
über Berge und Täler her
mit dem Wind gezogen!
Brächte selber meinen Gruß
unter Lust und Scherzen,
gäbe dir den schönsten Kuss
froh an deinem Herzen.
Leider soll's nicht also sein.
Hier, in weiter Ferne,
richt' ich meinen Blick allein
auf zum Herrn der Sterne.
Kindlich flehe ich ihn an
um sein treues Walten,
mög' er dich auf deiner Bahn
lange noch erhalten!
Dir gehört mein Herz allein,
dir soll's ewig schlagen! –
Oh, wie herrlich müsst' es sein,
könnt ich's selbst dir sagen.
Über Berge und Täler her
mit dem Wind gezogen –
wenn ich nur ein Vöglein wär,
käm ich zu dir geflogen!

Unbekannt

Weil Gott nicht überall sein konnte,
schuf er die Mutter.

Aus Arabien

Mutterliebe

So weich und warm
Hegt dich kein Arm,
Wie dich der Mutter Arm umfängt.
Nie findest du
So süße Ruh',
Als wenn dein Aug an ihrem hängt.

Paul Heyse

Mit einem Feldblumenstrauß

Und ob der Maien stürmen will
mit Regenguss und Hagelschlag
wie ein verspäteter April:
Er hat doch einen schönen Tag.
Hat einen Tag, der schlimme Mai,
viel lieber als das ganze Jahr,
und wo es schien mir einerlei,
ob trüb der Himmel oder klar.
Und ist er trübe auch, ich fand
mein Sträußlein doch in Wald und Ried
und kann doch küssen deine Hand
und sagen dir ein schlichtes Lied.

Annette von Droste-Hülshoff

An meine Mutter
Im tollen Wahn hatt ich dich einst verlassen;
Ich wollte geh'n die ganze Welt zu Ende
Und wollte sehen, ob ich die Liebe fände,
Um liebevoll die Liebe zu umfassen.
Die Liebe suchte ich auf allen Gassen,
Vor jeder Türe streckt ich aus die Hände
Und bettelte um g'ringe Liebesspende –
Und lachend gab man mir nur kaltes Hassen.
Und immer irrte ich nach Liebe, immer
Nach Liebe, doch die Liebe fand ich nimmer
Und kehrte um nach Hause, krank und trübe.
Doch da bist du entgegen mir gekommen,
Und ach! was da in deinem Aug geschwommen,
Da war die süße, lang gesuchte Liebe.

Heinrich Heine

Ein Herz voll Liebe,
ein Sträußlein klein,
will ich dir bringen
lieb' Mütterlein.

Unbekannt

Versorge und trage deine Mutter in ihrem Alter,
wie sie dich versorgt und getragen hat als kleines Kind.

Aus Asien

Mütter, ihr seid es,
die das Heil der Welt in euren Händen haltet.

Leo Tolstoi

Lieb und Lust macht Mühe gering;
Liebe ist ein schönes Ding.
Mut wohl hätt ich mehr als Not;
Mutter – Glück und Heil von Gott.

Franz Grillparzer

Liebe Mama, freue Dich,
denn zum Glück hast Du ja mich.
Dieser Tag wär ohne mich
gar kein Muttertag für Dich.

Unbekannt

Das Herz des Vaters schlägt höher
als der höchste aller Berge,
das der Mutter gründet tiefer
als das tiefste aller Meere.

Aus China

Für Väter

Liebster Vater, eins sag ich Dir:
Du bist der Beste auf Erden hier.
Nie wollt ich ein' anderen haben
und das nicht nur in Kindertagen.
Auch im Erwachsenenalter bist Du stets für uns da,
auf Dich ist Verlass, das ist uns klar.
Selbstverständlich ist das nicht,
deshalb sagen wir: Schön, dass es Dich gibt!
    Unbekannt

Leicht ist es, ein Reich zu regieren,
aber schwer eine Familie.
    Aus China

Nicht Fleisch und Blut,
das Herz macht uns zu Vätern.
    Friedrich von Schiller

Dass du des eignen Vater würdig seist,
Mach, dass ein Sohn auch dich einst Vater heißt!
    William Shakespeare

Vater: ein Mann, der etwas geleistet hat,
das Hand und Fuß hat.

Unbekannt

Gehen die Väter nackt,
so werden die Kinder blind.
Kommen sie geldbepackt,
wie artig scheint das Kind.

William Shakespeare

Was die Erde Schönes kennet,
Was sie hold und lieblich nennet,
Was sie hoch und heilig glaubt,
reicht nicht an des Vaters Haupt.

Franz Grillparzer

Vaterschaft ist ein Beruf,
der einem auferlegt wird,
ohne dass man gefragt wird,
ob man sich auch dafür eignet.

Aus Deutschland

Vater werden ist nicht schwer,
Vater sein dagegen sehr.
Ersteres wird gern geübt,
weil es allgemein beliebt.
Selbst der Lasterhafte zeigt,
dass er gar nicht abgeneigt.
Nur will er mit seinen Sünden
keinen guten Zweck verbinden,
sondern, wenn die Kosten kommen,
fühlet er sich angstbeklommen.

Wilhelm Busch

Namenstag

Du hast heute Namenstag,
und weil ich Dich besonders mag,
send ich Dir ein liebes Wort,
Gesundheit und Freude immerfort!
Unbekannt

Der einzige Name,
der den Menschen wirklich charakterisiert,
ist der Spitzname.
Unbekannt

Mögen die guten Heiligen dich beschützen und heute segnen.
Mögen Sorgen dich meiden, wo immer du gehst.
Irischer Segenswunsch

Habe Acht auf deinen Namen,
denn er wird dir länger bleiben
als ein großer Goldschatz.
Aus China

Heut' zu Deinem Namensfeste
wünsch ich Dir das Allerbeste.
Kann Dir leider gar nichts schenken
als ein herzliches Gedenken,
denn ich bin ja noch so klein.
Aber immer wird das ja nicht sein.
Bin ich groß, dann wirst Du seh'n,
werde ich Dir zur Seite steh'n,
und werde Deine Arbeit tun,
Du darfst dann im Lehnstuhl ruh'n!
Unbekannt

Schon wieder ein Namenstag? Nun, meiner Treu'!
Da braucht man ja Verse wie Häcksel und Heu.
Doch ob auch der Spruch Wiederholung nur sei:
Die Lieb' ist der Stoff, der ist alt und ist neu.
Franz Grillparzer

Der Tag heute, altbekannt,
ist genau wie Du benannt.
Drum heute meine Wünsch an Dich,
genieß den Tag und freue Dich!
Unbekannt

Ein Name ist zwar Schall und Rauch,
genau wie vieles andre auch.
Doch Deinem Namen, ohne Witz,
der heutige Tag gewidmet ist!
Alles Liebe zum Namenstag!

Unbekannt

So oft dein Namenstag wird wiederkehren,
Des' wir uns heut' so innig freu'n,
Soll er auch deine Freude mehren,
Und stets dein Erdenglück erneu'n.
Ich wünsche, Mutter, dir zum Namenstage
Das beste, schönste Erdenglück.
Und nahte dir von fern eine Klage,
So weh' sie Gottes Friedenshauch zurück.
Erleb' noch oft den Namenstag
In deiner Kinder Kreise;
Und Glück begleite immer dich
Auf deiner Lebensreise.

Unbekannt

Heut' an Deinem Namenstage
wünsche ich das Beste Dir,
dass Dein Herz stets für mich schlage,
das, mein Liebling, wünsch ich mir!
Unbekannt

Heute ist Dein Tag allein,
trägt Deinen Namen,
so soll das sein.
Mein Wunsch an Dich,
weil ich Dich mag:
Nur das Beste zum Namenstag!
Unbekannt

Willkommen sei dir dieser Tag,
der deinen Namen trägt,
willkommen auch mein Gruß,
für Glück und Freude unentwegt.
Unbekannt

Valentinstag

Jeder geliebte Mensch
ist der Mittelpunkt eines Paradieses.
   Novalis

Eins und alles
Meine Liebe ist groß wie die weite Welt,
und nichts ist außer ihr,
wie die Sonne alles erwärmt, erhellt,
so tut sie der Welt von mir!
Da ist kein Gras, da ist kein Stein,
darin meine Liebe nicht wär,
da ist kein Lüftlein noch Wässerlein,
darin sie nicht zög einher!
Da ist kein Tier vom Mücklein an
bis zu uns Menschen empor,
darin mein Herze nicht wohnen kann,
daran ich es nicht verlor!
Meine Liebe ist weit wie die Seele mein,
alle Dinge ruhen in ihr,
sie alle, alle, bin ich allein,
und nichts ist außer mir!
   Christian Morgenstern

Das Schönste aber hier auf Erden,
ist lieben und geliebt zu werden!

Wilhelm Busch

Freudvoll und leidvoll, gedankenvoll sein,
langen und bangen in schwebender Pein,
himmelhoch jauchzend zum Tode betrübt,
glücklich allein ist die Seele, die liebt.

Johann Wolfgang von Goethe

Ich liebe dich, weil ich dich lieben muss.
Ich liebe dich, weil ich nicht anders kann;
Ich liebe dich nach einem Himmelsschluss;
Ich liebe dich durch einen Zauberbann.
Dich liebe ich wie die Rose ihren Strauch;
Dich liebe ich wie die Sonne ihren Schein;
Dich liebe ich, weil du bist mein Lebenshauch;
Dich liebe ich, weil dich lieben ist mein Sein.

Friedrich Rückert

Liebesgedicht

Das Schönste, das ich im Leben sehe,
ist Dein Lächeln, bevor ich morgens aufstehe.
Der schönste und edelste, pure Genuss
ist Dein warmer, zarter Kuss.
Das schönste Gefühl auf dieser Welt
ist's, wenn Deine Hand die meine hält.
Das pure Glück ergreift mich dann,
wenn ich in Deine Augen seh'n kann.
Eine sanfte Berührung Deiner Hand
lässt mich zerfließen wie feinen Sand.
Deine Stimme ist meine schönste Musik,
zwischen uns stimmt immer die Physik.
Nur wenige Worte aus Deinem Mund
bewirken Kummer- und Sorgenschwund.
Nur eine Umarmung in Deinem Arm
macht das ganze Herz mir warm.
Ich liebe Dich und danke Dir
für alles, was Du bedeutest mir.

Unbekannt

Der Liebe Malerei

Wieder hab ich ihn geschauet,
Zu dem stets das Herz mich zieht,
Dem die Seele ganz vertrauet,
Dem der Fuß doch scheu entflieht,
Meine Augen aufzuschlagen,
Wenn in seiner Näh' ich bin,
Mag ich Arme nimmer wagen;
Doch – ein flücht'ger Blick reicht hin.
Denn wer einmal ihn gesehen,
Der vergisst ihn nimmermehr,
Und wohin ich möge gehen,
Schwebt sein Bild rund um mich her.
Seine Augen seh' ich immer
Mild und klar wie Sternenlicht,
Und ich denk, der Liebe Schimmer
Ist's, der himmlisch sie durchbricht.
Seine schönen Stirne Strahlen
Wie Kristall so rein, so hell!
Wollte man die Hoheit malen,
Schöpfte man an diesem Quell.
Wenn es geht, der Seele Schwingen
Heben leicht und stolz den Gang,
Wenn er spricht, die Worte klingen
Von des innern Wohllauts Klang.
Doch die süßen Lippen stören
Aus den Träumen mich heraus;
Möcht ein Wort von ihnen hören,
Und – sie sprechen's doch nicht aus.

Ida Gräfin Hahn-Hahn

Ein Wörtchen muss ich dir verkünden,
Ein leises Wörtchen, dir allein.
Längst fühlt' ich es mein Herz entzünden,
Doch schloss ich's tief im Busen ein –
Du siehst mich fragend an? O schlage
Nur jetzt noch nieder deinen Blick,
Mir weicht der Mut, es treibt die Frage
Ins Innerste das Wort zurück.
Nein, sieh mich an – die Wange glühet,
Und zur Erde sinkt mein Blick.
Mir pocht das Herz, der Odem fliehet,
Und so verscheucht die Furcht das Glück.
Ich kann, ich kann das Wort nicht sagen,
Ob es mein Inn'res gleich verzehrt,
Denn Reue folgt dem kühnen Wagen,
Wenn uns ein blinder Wahn betört.
O möchtest du mich doch verstehen
Und dann dem Schüchternen verzeih'n!
Du lächelst? Kannst du wohl erspähen
Die Quelle meiner Lust und Pein?
Du nickst mit freundlicher Gebärde?
Du zürnest, Holde, nicht auf mich?
Wohl mir, dem Glücklichsten der Erde!
Geliebte, ja, ich liebe dich.

Karl Streckfuß

Was ist die Liebe?

Wie oft du geweilt bei der Süßen, Schönen,
Stets klopfenden Herzens zu ihr sich sehnen;
Wie oft dein Aug' an ihr gehangen,
Stets glühend wieder nach ihr verlangen,
Wie oft du sie küssend durftest umwinden;
Stets tiefere Leidenschaft empfinden;
Wenn dir's versagt ist, sie zu sehen,
In innigem Herzeleid vergehen;
Und jede Sekunde verloren achten,
Wo ihre Augen dir nicht lachten;
Im Glücke selbst ein Sehnen fühlen,
Durch keine holde Gunst zu kühlen,
Und Herz an Herz im höchsten Entzücken,
In ihr noch ein fernes Gut erblicken,
Ein Ideal, der Sonne vergleichbar,
Das, das ist Liebe, die Krone des Strebens,
Die höchste Wonne des Erdenlebens.

Melchior Meyr

Ich habe Dir so viel zu sagen,
Ich glaub' nicht, dass mein Leben reicht,
Das Leben, das nach kurzen Tagen
Dem großen Todesschweigen weicht.
Mein Lied soll mir nie sterben gehen,
Sein Leben niemals ihm entflieht.
Wenn Herz und Atem still mir stehen,
Mein Lied noch singend vor Dir kniet.

Max Dauthendey

Das erste Liebeswort

Das war der süßeste der Laute!
Sie sprach's, das erste Liebeswort;
Im Herzen nun trag ich das traute
Tiefselige Geheimnis fort.
Allein, wo berg' ich meine Wonne,
Dass ich sie wohl behüten mag?
Dein Licht verhülle, läst'ge Sonne!
Verstumme, lärmbewegter Tag!
Weltfern sei meines Glückes Fülle
Begraben, wo sie nichts verrät
Und nur durch Nacht und heil'ge Stille
Des süßen Wortes Nachhall weht.

Friedrich von Schack

GLÜCKWÜNSCHE ZU UNTERSCHIEDLICHEN ANLÄSSEN

Ob Sie nun ein Betriebsfest zu feiern haben, einen neuen Mitarbeiter willkommen heißen wollen, einen guten alten Freund zum Ruhestand beglückwünschen möchten, der Nachbarstochter zur neuen Wohnung gratulieren, dem Sohn zum bestandenen Führerschein, dem Enkel zum gewonnenen Fußballturnier, der Cousine vor dem Antritt einer Reise gute Wünsche senden möchten oder Ihnen bei der Ostergrußkarte an Tante Erika die Worte fehlen – werfen Sie einen Blick in dieses Kapitel, wenn Sie etwas mehr als „Alles Gute zu …" sagen möchten.

Beruf

Einstand

Ich weiß gar nicht, wer mehr jubeln soll:
Sie, weil Sie einen neuen Job haben, oder wir,
weil wir Sie als Mitarbeiter gewinnen konnten.
Herzlich willkommen!

Unbekannt

Arbeit macht das Leben süß.

Sprichwort

Glück hilft nur manchmal.
Arbeit immer.

Fernöstliche Weisheit

Was ihr nicht tut mit Lust,
gedeiht euch nicht.

William Shakespeare

Arbeite nur – die Freude kommt von selbst.

Johann Wolfgang von Goethe

Der durchschnittliche Arbeitstag dauert acht Stunden.
Nur Montage haben immer 124 Stunden.
Kalenderspruch

Lust und Liebe zu einem Ding
macht die schwerste Aufgabe gering.
Aus Deutschland

Wer schaffen will,
muss fröhlich sein.
Theodor Fontane

Arbeit, edle Himmelsgabe,
zu der Menschen Heil erkoren!
Nie bleibt ohne Trost und Labe,
wer sich deinem Dienst geschworen.
Friedrich von Bodenstedt

Bei deinem Tun gedenk' des Sprüchleins stündlich:
eins nach dem andern, aber gründlich.
Aus Deutschland

Ein Mann ohne Handwerk
gleicht einem Vogel ohne Flügel.
Aus Baschkirien

Die Arbeit hält drei große Übel fern:
die Langeweile, das Laster und die Not.

Voltaire

Eine Stunde konzentrierter Arbeit hilft mehr, deine Lebensfreude anzufachen, deine Schwermut zu überwinden und dein Schiff wieder flottzumachen, als ein Monat dumpfen Brütens.

Benjamin Franklin

Geben Sie dem Arbeiter das Recht auf Arbeit.

Otto von Bismarck

Schäme dich keiner Arbeit,
von der du leben kannst.

Aus Ägypten

Arbeit' gern und sei nicht faul,
Gebratenes fliegt nicht ins Maul.

Aus Deutschland

Das musst du erstreben:
Arbeitswochen in Sonntagsstimmung zu leben.

Ferdinand Ernst Albert Avenarius

Es ist sündhaft, in Apathie zu verfallen.
Verstärkte Arbeit – con amore –
das ist das wirkliche Glück.

Fjodor Dostojewskij

Beförderung

Herzlichen Glückwunsch zur Beförderung. Wenn es jemand verdient hat, den Posten zu besetzen, dann bist Du es. Ich wünsche Dir viel Erfolg!

Unbekannt

Wenn du erkennen willst den Ruhm in seiner Blöße,
vergleich am Himmel ihn mit Sternen erster Größe!
Die letzter Größe, sind sie etwa minder groß?
Sie scheinen kleiner dir durch ihre Höhe bloß.
Drum lächle, rückt man dich zum letzten Range nieder,
und rückt man dich empor zum ersten, lächle wieder!

Friedrich Rückert

Alle Menschen haben die Anlage,
schöpferisch zu arbeiten.
Nur merken es die meisten nie.

Truman Capote

Lass los, wenn ein großes Rad den Berg hinunterläuft,
dass es dir nicht den Hals bricht!
Wenn aber ein Großer aufwärts geht,
lass ihn dich nachziehen!

William Shakespeare

Die Anerkennung von Vorgesetzten
ist meist eine Aufforderung zu noch mehr Leistung!

Unbekannt

Glück ist das mögen, was man muss,
und das dürfen, was man mag.

Henry Ford

Folge der Arbeit und
lass dich nicht von ihr verfolgen.

Aus Japan

Es gibt zwei Arten, Karriere zu machen:
durch das eigene Können
oder durch das Nichtkönnen der anderen.

Unbekannt

Donner ist gut und eindrucksvoll,
aber die Arbeit leistet der Blitz.

Mark Twain

Anerkennung ist wie eine Versicherungspolice.
Sie muss von Zeit zu Zeit erneuert werden.

Unbekannt

Das Optimum stellt sich ein
bei einer bestimmten Mischung
von Organisation und Chaos.

Hermann Müller

Arbeit ist die Mutter des Lebens.

Aus der Slowakei

Wie wir die Arbeit anschauen,
so schaut uns die Arbeit wieder an.

Aus Deutschland

Besser als die Unwissenden sind die, die Bücher lesen;
besser als diese sind die, die das Gelesene behalten;
noch besser sind die, die es begreifen;
am besten sind die, die an die Arbeit gehen.

Aus Indien

Arbeite, und du kannst der Belohnung nicht entgehen.
Ob die Arbeit fein ist oder derb, ob du Korn pflanzt oder
Romane schreibst, wenn es nur ehrliche Arbeit ist, die die
eigene Billigung findet, wird sie sowohl die Gefühle
belohnen wie den Verstand. Ganz gleich wie oft du besiegt
wirst, du bist zum Sieg geboren. Die Belohnung für eine
gut gemachte Arbeit ist, sie gemacht zu haben.

Ralph Waldo Emerson

Wer heute wohl rudert,
soll morgen mitfahren.

Aus Deutschland

Wer ernten will,
muss erst den Samen streuen.

William Shakespeare

Firmengründung

Es gibt keine langwierige Arbeit,
ausgenommen die, mit der du nicht zu beginnen wagst.

Charles Baudelaire

Um wirklich glücklich zu sein,
brauchen wir nur etwas,
wofür wir uns begeistern können.

Charles Kingsley

Nichts Großes wurde jemals
ohne Begeisterung vollbracht.

Ralph Waldo Emerson

Im Wechsel von Steigen und Fallen
liegt der größte Reiz des Lebens,
da das Glück nur durch den Vergleich offenbar wird.

August Strindberg

Glück ist, auch das zu lieben, was man tun muss,
und nicht nur das, was man tun will.

Aus England

Arbeit ist ein Rauschgift,
das wie ein Medikament aussieht.

Tennessee Williams

Man braucht nur mit Liebe einer Sache nachzugehen,
so gesellt sich das Glück hinzu.

Johannes Trojan

Unsere Weisheit kommt aus unserer Erfahrung.
Unsere Erfahrung kommt aus unseren Dummheiten.

Volksmund

Nur auf dem Boden harter Arbeit
bereitet sich normalerweise der Einfall vor.

Max Weber

Wenn's gehen soll,
muss man den Daumen rühren.

Aus Deutschland

Lege Gesinnung ins Tun,
auch in das kleinste.

Spruchweisheit

Tätigkeit ist der wahre Genuss des Lebens,
ja das Leben selbst.

August Wilhelm Schlegel

Der Tag,
an dem du einen Entschluss fasst,
ist ein Glückstag.

Aus Japan

Ich liebe neue Aufgaben,
denn sie spornen mich an.

Louis Pasteur

Man muss das lieben, was man tut,
und dann wird jede Arbeit,
sogar die gröbste, zu Schöpfung.

Lebensweisheit

Wenn du eine Stunde glücklich sein willst: schlafe.
Wenn du einen Tag lang glücklich sein willst: geh fischen.
Wenn du einen Monat lang glücklich sein willst: heirate.
Wenn du ein Leben lang glücklich sein willst: liebe deine Arbeit.

Aus China

Die Arbeit, die tüchtige, intensive Arbeit,
die einen ganz in Anspruch nimmt mit Hirn und Nerven,
ist doch der größte Genuss im Leben.

Rosa Luxemburg

Alle Tätigkeit ist der Weg zur Freude,
alles leidende Verhalten der Weg zur Unlust.

Aus Deutschland

Arbeit, die Freude macht,
ist schon zur Hälfte fertig.

Aus Frankreich

Firmenjubiläum

Nun sind es schon zehn Jahre, in denen Ihre Firma große Fortschritte gemacht hat. Ihnen und allen Mitarbeitern herzlichen Glückwunsch zum Jubiläum! Ich bin sicher, dass Sie auch weiterhin in eine rosige Zukunft blicken.

Unbekannt

Courage ist gut,
Ausdauer ist besser.

Theodor Fontane

Glück ist wie Parfüm,
man kann es nicht über einen anderen verschütten,
ohne selbst etwas abzubekommen.

Ralph Waldo Emerson

Altes Wissen üben und nach neuen Kenntnissen streben –
das ist es, wodurch man sich zum Lehrer anderer eignet.

Aus Asien

Ich habe nie Wertvolles zufällig getan.
Meine Erfindungen sind nie zufällig entstanden.
Ich habe gearbeitet.
    Thomas Alva Edison

Je schwerer etwas fällt,
desto größer die Freude,
wenn es uns gelingt.
    Abraham Lincoln

Bei genauem Hinsehen zeigt sich,
dass Arbeit weit weniger geisttötend ist als Amüsement.
    Charles Baudelaire

Arbeit hat bittere Wurzel, aber süße Frucht.
    Aus Deutschland

Ein Geschäft eröffnen ist leicht.
Schwer ist, es geöffnet zu halten.
    Aus China

Tätigkeit ist das Salz des Lebens.
    Kalenderspruch

Du siehst, was ich gefunden habe: meine Arbeit;
und du siehst auch, was ich nicht gefunden habe –
alles Übrige, was zum Leben gehört.

Vincent van Gogh

Aus dem Kamin kommst du nicht mit weißem Kittel.

Sorbisches Sprichwort

Ruhestand

Dein Leben, das zeigt flotten Schwung,
und es ist keine Frage,
tätig sein hält Menschen jung.
Das gilt auch für künftige Tage!

Unbekannt

Das Alter hat die Heiterkeit dessen,
der seine Fesseln los ist
und sich nun frei bewegt.

Arthur Schopenhauer

Ruhe ist Glück,
wenn sie ein Ausruhen ist.

Ludwig Börne

Sich legen bringt Segen.
Aus Deutschland

Es kommt nicht nur darauf an,
wie viel Rente du kriegst,
sondern wie lange.
Volksmund

Für Vorgesetzte
Lasst die Gläser heute klingen,
uns gemeinsam Lobeslieder singen!
Unser Chef ist jetzt Pensionär,
der Abschied fällt uns schwer!
Ihnen eine gute Zeit,
der Ruhestand steht nun bereit!
Unbekannt

Fertige Arbeit lacht.
Sorbisches Sprichwort

Ein guter Abend kommt heran,
Wenn ich den ganzen Tag getan.
Johann Wolfgang von Goethe

Wenn Du in Rente gehst,
bist Du noch lange nicht alt.
In Dir wohnt ein jugendlicher Unruhegeist.
Unbekannt

Jetzt zählen Sie zu den Firmenweisen,
Sie müssen keinem mehr etwas beweisen.
Wir sagen herzlich Dankeschön,
die Zeit mit Ihnen war sehr schön!
Unbekannt

Gibt es ein Leben vor der Rente?
Unbekannt

Du wirst Deinen Ruhestand genießen.
Brauchst nicht mehr beim Hahnenschrei
aus dem Bett zu springen
und zur Arbeit zu rennen.
Du wirst Deinen Ruhestand genießen.
Beim gemütlichen Frühstück die Zeitung lesen
und nach den Angeboten suchen.
Du wirst Deinen Ruhestand genießen
und bald bemerken:
Auch das ist anstrengend!
Unbekannt

Lass es Dir recht gut ergehen
in der neuen Pensionistenzeit.
Es wäre schön, würden wir uns mal wiedersehen,
Doch wird eine kleine Ewigkeit vergehen,
denn jeder weiß: Rentner haben niemals Zeit!

Unbekannt

Wenn einer in den Ruhestand tritt
und ihn keine Zeitnot mehr bedrängt,
schenken ihm seine Kollegen gewöhnlich eine Uhr.

Unbekannt

Für Lehrer
Die Schüler hast Du des Englischen/der Mathematik/
... bemächtigt,
dafür bist Du ab heut' pensionsberechtigt.
Drum nimm nun Bücher, Hut und Mappe in die Hand
und freue Dich auf den verdienten Ruhestand!

Unbekannt

Besser gut ausruhen als schlecht arbeiten.

Aus Deutschland

Umzug und Eigenheim

Lang ersehnt, jetzt endlich wahr:
Ihr habt ein Haus, wie wunderbar!
Es sei und bleib Euch allezeit
ein Glücksquell der Gemeinsamkeit!

Unbekannt

Zeige mir, wie du baust,
und ich sage dir, wer du bist.

Christian Morgenstern

Wenn dieses Haus so lang nur steht,
bis aller Neid und Hass vergeht,
dann bleibt's fürwahr so lange steh'n,
bis die Welt wird untergeh'n.

Unbekannt

Wo ich lebe, ist es am schönsten.

Aus Japan

Das Glück tritt gern in ein Haus,
wo gute Laune herrscht.

Aus Holland

Zum Richtfest eines Hauses
Das neue Haus ist aufgericht',
gedeckt, gemauert ist es nicht.
Noch können Regen und Sonnenschein
von oben und überall herein:
Drum rufen wir zum Meister der Welt,
er wolle von dem Himmelszelt
nur Heil und Segen gießen aus
hier über dieses off'ne Haus.
Zuoberst woll' er gut Gedeih'n
in die Kornböden uns verleih'n;
in die Stube Fleiß und Frömmigkeit,
in die Küche Maß und Reinlichkeit,
in den Stall Gesundheit allermeist,
in den Keller dem Wein einen guten Geist.
Die Fenster und Pforten woll' er weih'n,
dass nichts Unseliges komm herein,
und dass aus dieser neuen Tür
bald fromme Kindlein springen für.
Nun Maurer, deckt und mauert aus!
Der Segen Gottes ist im Haus!

Ludwig Uhland

Herzlichen Glückwunsch zum neuen Zuhause!
Ich hoffe, der Umzugsstress hat sich gelohnt und Du hast einen wunderbaren neuen Ort der Inspiration und Geborgenheit gefunden!

Unbekannt

Alles Leben draußen ist nur wie ein Schlafen in Kleidern. Daheim erst liegt man im Bett.

Berthold Auerbach

Klein, aber mein.

Sprichwort

Das Haus hat Dach und Giebel,
es funkelt und es blitzt,
und es ist gar nicht übel,
dass Ihr darinnen sitzt.
Mög' es Euch wohl ergehen
in diesem prächt'gen Bau.
Viel Glück dem jungen Bauherrn
und seiner schönen Frau!

Unbekannt

Der Philosoph wie der Hausbesitzer
hat immer Reparaturen.

Wilhelm Busch

Zum neuen Heime wünschen wir,
dass ihr glücklich und zufrieden seid.
Zu eurem Einzug haben hier
zwei Gaben wir bereit:
Das Brot, es gehe niemals aus,
und Salz, das würze jeden Schmaus,
solange ihr hier weilt
und euer Brot mit guten Freunden teilt.
Solange ihr habt Salz und Brot
bleibt ferne von euch alle Not.

Friedrich Rückert

Ihr steht vor eures Hauses Tor.
Ihr tretet ein, drum spitzt das Ohr.
Vernehmt, was ich euch sagen will:
Das Glück schlüpf mit hinein ganz still
und bleib' für immer in dem Haus,
das neu erbaut. Es geh nie aus!

Unbekannt

Was haben wir Kisten geschleppt, Möbel getragen,
angestrichen, tapeziert, eingekauft …
Aber es hat sich gelohnt! Ich freue mich für Euch über
Euer schönes neues Zuhause und wünsche Euch alles
Gute für die Zukunft!

Unbekannt

Gott behüt dies Haus so lang,
bis ein Schneck die Welt durchgang,
bis ein Ameis' dürst so sehr,
dass sie austrinkt das ganze Meer.

Aus Süddeutschland

Willst du den Bau dereinst nicht beweinen,
dann baue nur ja mit eigenen Steinen!

Aus der Schweiz

Es gibt noch viel zu renovieren,
zu streichen und zu tapezieren,
nutz die erste Nacht im Haus
und schlaf Dich erstmal richtig aus!

Unbekannt

Ich hoffe, dass der Tapetenwechsel Euch/Dir gut tut!
Herzliche Glückwünsche zur neuen Wohnung!
Unbekannt

Bosheit, Feinde, schlimme Leiden
sollen Eure Türe meiden!
Freude, Glück und Sonnenschein
sollen Euch willkommen sein!
Unbekannt

Inspiriert von einer weltbekannten schwedischen
Möbelfirma:
Zum Einzug wünschen wir Euch den Stuhl Lachmik,
das Sofa Frohans, das Doppelbett Anna-Traum,
das Geschirrset Leckerson, das Regal Glückfried,
den Teppich Haltmich, den Sessel Gemütlikson,
die Lampe Lucia und den Bilderrahmen Björngut!
Kurz: einfach alles erdenklich Gute!
Unbekannt

Im neuen Heim herrsch' alle Zeit:
Eintracht und Zufriedenheit,
alles soll gedeih'n und blüh'n,
Streit und Neid vorüberzieh'n,
froh soll'n alle Tage sein,
und jedes Herz voll Sonnenschein.

Unbekannt

Ein Haus kann noch so schön sein – richtig schön
und lebendig wird es erst mit den Bewohnern,
also mit Euch!
Ihr seid sozusagen das schönste und wichtigste
Möbelstück. Herzliche Grüße zum Einzug!

Unbekannt

Wenn die Arbeiter fleißig waren in der Zeit
und der Bau so geschwind dann ward errichtet,
dann ist der Richtspruch die Gelegenheit,
zu verkünden, was der Meister hat gedichtet.
Es gibt die Sprüche schon für vielerlei Gebäude
die einen loben oder schmeicheln sehr,
die andren wünschen Glück und große Freude,
doch wichtig ist allein der Herr.

Unbekannt

Zum Einzug, wer hätte das gedacht,
hab ich Euch einen Kaktus mitgebracht!
Er ist gar niedlich, grün und klein,
und soll Euch stets eine Freude sein!
Er ist auch sehr genügsam,
hat zwar Stacheln und ist doch zahm!
So soll auch Euer neues Heim sein:
klein, robust und niedlich,
zufrieden und gemütlich!
Unbekannt

Das Brot, das soll Euch sagen: Möget Ihr stets genug zu essen haben. Dazu kommt etwas Salz, um Eurem Leben im neuen Heim Geschmack und Würze zu verleihen. Herzliche Grüße zum Einzug!
Unbekannt

Möge dieses Haus gewähren
Hort und Heim in Glanz und Ehren
denen, die es sich erbauten!
Und ihr Richtspruch möge lauten:
„Herr, beschütze unser Heim,
gib uns deinen Segen drein!"
Unbekannt

Einladungen und Gästebücher

Wir danken für die schönen Stunden,
sie waren heiter und voll Schwung.
Was wir an Gastlichkeit gefunden,
das bleibt uns in Erinnerung!

Unbekannt

Ein Willkommen und freundliche Worte
mangeln niemals in dem Hause eines guten Menschen.

Aus Indien

Mancher Gast
ist eine Last,
mancher bringt auch Freude.
Sagt mir, liebe Leute,
hab ich euch gepasst?

Unbekannt

Sie teilte jedem eine Gabe,
dem Früchte, jenem Blumen aus.
Der Jüngling und der Greis am Stabe –
ein jeder ging beschenkt nach Haus.

Friedrich von Schiller

Ihr Strauß steht noch in voller Blüte.
Ich denk an unser Fest zurück
und weiß: Es ist nur Gottes Güte,
dass Freunde teilen unser Glück.

Unbekannt

Gedanken sind nicht stets parat.
Man schreibt auch, wenn man keine hat.

Wilhelm Busch

Gastfreundschaft ist die Kunst,
Besuchern das Gefühl zu vermitteln,
sie seien zu Hause,
während man wünscht, sie wären es.

Gerald Drews

Klar, dass man hier sehr gerne schreibt:
Danke! Und die Erinnerung bleibt!

Unbekannt

Was ich erhofft, hab ich gefunden.
Ich denk noch oft an all die Stunden,
die ich verlebt in Eurem Haus.
Mich bringt Ihr nicht so bald hier raus!
Drum schreib ich frisch und munter nieder:
Im nächsten Jahr, da komm ich wieder!

Unbekannt

Das reichste Mahl ist freudenleer,
wenn nicht des Wirtes Zuspruch und Geschäftigkeit
den Gästen zeigt,
dass sie willkommen sind.

William Shakespeare

Des Gästebuches strenger Zwang
macht schließlich nur den Laien bang.
Der Fachmann denkt sich schon zu Haus
rechtzeitig vorher dieses aus:
Danke für alles, es war ein schöner Tag!

Unbekannt

So – an ein Stammbuch hingezerrt
hat man Verdruss.
Man fühlt sich ins Klosett gesperrt,
obwohl man gar nicht muss.
Denn mancher Gast will weitergeh'n
und will nichts stehen lassen
und seine Kleckse ungeseh'n
nun werfen, wo sie passen.

Joachim Ringelnatz

Sie laden mich so herzlich ein –
das hat mich sehr gefreut.
Ich schreibe gleich,
weil's ja pressiert –
ich komme garantiert!

Unbekannt

In der Welt fährst du am besten,
sprichst du stolz mit stolzen Gästen,
mit bescheidenen bescheiden,
aber wahr und klar mit beiden.

Anastasius Grün

Der Hausfrau zu Ehren
Ein Lob zu verwehren,
Wär nicht zu verzeihen.
Sie ließ uns gedeihen
Bei dem guten Essen.
Und nicht zu vergessen:
Das Gespräch war labend.
Welch gelungener Abend.

Unbekannt

Langweiliger Besuch macht Zeit und Zimmer enger.
Oh Himmel, schütze mich vor jedem Müßiggänger!

Friedrich von Hagedorn

Zur Vernissage
Eine Ausstellung, die begeistert.
Und motiviert, nicht nur zum bloßen Anschauen.
Farben, Formen, Motive regen zum intensiven
Erleben an.
Erfüllt und bezaubert von gehobener Kunst
Bedanke ich mich für schöne Stunden.
    Unbekannt

Essen, Trinken und Service, alles stimmt hier.
Noch wichtiger: der freundliche Umgang, Gemütlichkeit
und Ruhe.
Der Gast ist König – häufig gesagt, selten wahr,
doch bei Ihnen verwirklicht.
Wir geben es weiter und sagen: Bis zum nächsten Mal!
    Unbekannt

Als Mahl begann's
und ist ein Fest geworden.
    Rainer Maria Rilke

Am schwersten zu bergen ist ein Gedicht,
man stellt es unter den Scheffel nicht.
Hat es der Dichter frisch gesungen,
so ist er ganz davon durchdrungen;
hat er es zierlich nett geschrieben,
will er, die ganze Welt soll's lieben.
Er liest es jedem froh und laut,
ob es uns quält, ob es erbaut.

Johann Wolfgang von Goethe

Dein Geburtstag wurde auch mir zum Fest.
Die Gäste, die Stimmung, das Essen, die Musik,
alles floss harmonisch zusammen.
Die Krönung aber warst Du als Gastgeber und Gefeierter.
Darum hier meinen Dank und Glückwünsche noch
einmal zu Dir, dass Du bist, wie Du bist.

Unbekannt

Wenn der Magen voll ist,
singen die Vögel
und die Menschen lachen.

Aus Australien

Es war ein wunderschöner Abend;
vergnüglich, munter und erlabend.
Auf Wiedersehen!
Für Speis' und Trank
von ganzem Herzen:
Tausend Dank!
   Unbekannt

Essen und Trinken
hält Leib und Seele zusammen.
   Sprichwort

Besser mit Freuden gereichtes Brot
als eine Henne mit Ach und Not!
   Aus Spanien

Wer feste arbeiten kann,
soll auch Feste feiern.
   Unbekannt

Man muss Feste feiern,
wie sie fallen.
   Sprichwort

Ein unvergesslicher Abend bei Euch.
Blumen und Kerzenschein zauberten eine märchenhafte
Stimmung in Euer Haus und versetzten Eure Gäste in ein
angeregtes und anregendes Miteinander.
Beschwingt verlasse ich die gastliche Stätte –
gesättigt an Leib und Geist.
Und fragt Ihr mich, ob ich wiederkomme:
von Herzen mein „Ja" und „Danke".

Unbekannt

Der Heiterkeit sollen wir,
wann immer sie sich einstellt,
Tür und Tor öffnen,
denn sie kommt nie zur unrechten Zeit.

Arthur Schopenhauer

Genießen heißt fröhlich sein
mit sich selbst und den anderen.

Johann Wolfgang von Goethe

Über dem vollen Bauch lächelt ein fröhliches Haupt.

Sprichwort

Lasst uns das Leben genießen,
solange wir es nicht begreifen.

Kurt Tucholsky

Je später der Abend,
desto schöner die Gäste.

Sprichwort

Rotwein ist für alte Knaben
eine von den besten Gaben.

Wilhelm Busch

Dies Glas dem guten Geist!

Friedrich von Schiller

Wohlauf, noch getrunken den funkelnden Wein.

Justinus Kerner

Für Sorgen sorgt das liebe Leben,
und Sorgenbrecher sind die Reben.

Johann Wolfgang von Goethe

Gott macht nur das Wasser,
doch der Mensch den Wein.

Victor Hugo

Nach einem trefflichen Mittagessen ist man geneigt,
allen zu verzeihen.

Oscar Wilde

Poesiealbum

Das größte Glück auf dieser Welt
ist nicht ein Konto mit viel Geld.
Das schönste ist,
ich will's dir nennen:
das ist, einen Menschen wie dich zu kennen.

Unbekannt

Kennst du das Blümlein am moosigen Quell?
Es leuchtet in deinem Leben so hell.
Blau ist die Farbe, blau ist das Licht.
Die Freundschaft nennt es: Vergissmeinnicht.

Volksgut

Neue Welten zu entdecken
wird Dir nicht nur Glück und Erkenntnis,
sondern auch Angst und Kummer bringen.
Wie willst Du das Glück wertschätzen,
wenn Du nicht weißt, was Kummer ist?
Wie willst Du Erkenntnis gewinnen,
wenn Du Dich Deinen Ängsten nicht stellst?
Letztlich liegt die große Herausforderung des Lebens darin,
die Grenzen in Dir selbst zu überwinden
und so weit zu gehen, wie Du Dir
niemals hättest träumen lassen.

Poesiealbumspruch

Keinen verderben zu lassen,
auch nicht sich selber,
jeden mit Glück zu erfüllen, auch sich.
Das ist gut.

Poesiealbumspruch

Ich wünsche Dir von Herzensgrund:
Bleib immer fröhlich und gesund.

Volksgut

Sei tapfer im Leben und tu Deine Pflicht
und zeige dem Alltag kein Sorgengesicht.
Dort bei den Sternen hält einer die Wacht,
der fügt es besser als Du Dir's gedacht.

Volksgut

Ich wünsch Dir all das Beste,
so viel der Baum hat Äste.
Ich wünsch Dir so viel gute Zeit,
so viel als Stern' am Himmel sein.
Ich wünsch Dir so viel Glück und Segen,
als Tröpflein, die vom Himmel regnen.

Poesiealbumspruch

Lerne ertragen die Fehler der Menschen,
Bist selber von Fehlern nicht frei.
Lerne geduldig sein, lerne verzeihen,
Lerne die Liebe, sie hilft Dir dabei.

Volksgut

Leicht zu leben ohne Leichtsinn,
heiter zu sein ohne Ausgelassenheit,
Mut zu haben ohne Übermut –
das ist die Kunst des Lebens!

Theodor Fontane

Wie wolltest du dich überwinden,
kurzweg die Menschen zu ergründen?
Du kennst sie nur von außenwärts.
du siehst die Weste, nicht das Herz.

Wilhelm Busch

Der Weg zum Glück ist gar nicht weit
Und kostet Dich nicht viel.
Tu Deine Pflicht und Fröhlichkeit,
Dann bist Du schon am Ziel.

Poesiealbumspruch

Nimm' ein Quantum guten Willen,
fünfzig Gramm Bescheidenheit,
eine große Dosis Frohsinn
und zwei Lot Verträglichkeit.
Misch' in diese Tugend
Gottvertrauen mit hinein,
und Du hast für alle Zeiten
das Rezept zum Glücklichsein.

Poesiealbumspruch

Freundlichkeit ist eine Sprache,
die Taube hören und Blinde sehen können.

Mark Twain

Man muss glücklich sein,
um glücklich zu machen,
und man muss glücklich machen,
um glücklich zu bleiben.

Poesiealbumspruch

Quälen Dich Sorgen,
hoffe auf morgen.
Lacht Dir das Glück,
denke zurück.

Poesiealbumspruch

Blüh wie das Veilchen im Moose,
sittsam, bescheiden und rein.
Und nicht wie die stolze Rose,
die immer bewundert will sein.

Volksgut

Nimm dein Zünglein stets in acht.
Sprich kein Wörtlein unbedacht!
Denn ein Wort zu viel gesprochen
hat schon manches Glück zerbrochen.

Poesiealbumspruch

Seht ihr den Mond dort stehen?
Er ist nur halb zu sehen
und ist doch rund und schön!
So sind wohl manche Sachen,
die wir getrost belachen,
weil unsre Augen sie nicht sehn.

Matthias Claudius

Wünsche Dir nicht alles Schöne,
was das Leben hält bereit,
Glück ist nicht der Gaben Fülle,
Glück ist die Zufriedenheit.

Poesiealbumspruch

Wenn das Glück anpocht,
soll man aufmachen.

Aus Deutschland

Immer strebe zum Ganzen!
Und kannst du selber kein Ganzes werden
als dienendes Glied,
schließ an ein Ganzes dich an.

Friedrich von Schiller

Recht beten, wenig sagen,
seine Not nicht jedem klagen,
viel anhören, nicht antworten,
bescheiden sein an allen Orten,
sich in Glück und Unglück schicken
ist eines der größten Meisterstücke.

Poesiealbumspruch

Halt dein Rösslein nur im Zügel,
kommst ja doch nicht allzu weit.
Hinter jedem neuen Hügel
dehnt sich die Unendlichkeit.
Nenne niemand dumm und säumig,
der das Nächste recht bedenkt.
Ach, die Welt ist so geräumig.
Und der Kopf ist so beschränkt.

Wilhelm Busch

O, frag mich nicht, was ist denn Glück?
Sieh vorwärts nicht, noch sieh zurück!
O, such es nicht in weiter Ferne,
Auf diesem oder jenem Sterne;
O, such's nicht dort und such's nicht hier!
Das Glück wohnt nur in dir.

Aus Deutschland

Wünsche Dir entfloh'ner Stunden
helle Freuden nicht zurück;
denn das Glück ist nie verschwunden;
was verschwindet, ist kein Glück.

Poesiealbumspruch

Wende dein Gesicht der Sonne zu,
dann fallen die Schatten hinter dich.

Sprichwort

Wenn auch Deine kleine Welt
eines Tages in Trümmer fällt,
so sammle Scherben Stück für Stück
und bau daraus ein neues Glück.

Poesiealbumspruch

Ein langes Leben blüh Dir entgegen,
lachendes Glück kehr bei Dir ein.
Freude sei mit Dir auf allen Wegen,
strahlender Frühling und Sonnenschein.

Unbekannt

Sonnenschein im Herzen,
Sonnenschein im Blick,
Sonnenschein zu geben,
das ist schönstes Glück.

Poesiealbumspruch

Rosen, Tulpen, Zwiebeln,
verflixt, wie muss ich grübeln!
Denn find ich keinen Vers für Dich,
lachen alle über mich.

Unbekannt

Es kommt im Leben nicht darauf an,
Glück zu haben,
sondern glücklich zu werden.

Poesiealbumspruch

Der Mensch hat dreierlei Wege, klug zu handeln:
erstens durch Nachdenken, das ist der edelste;
zweitens durch Nachahmen, das ist der leichteste;
drittens durch Erfahrung, das ist der bitterste.

Unbekannt

Lebe lustig, lebe heiter,
küss die Buben, und so weiter,
denn schon die Apostel schrieben:
„Du sollst deinen Nächsten lieben!"

Unbekannt

Willst du glücklich sein im Leben,
trage bei zu andrer Glück;
denn die Freude, die wir geben,
kehrt ins eigne Herz zurück.

Poesiealbumspruch

Das sind die Starken,
die unter Tränen lachen,
eigene Sorgen verbergen
und andere fröhlich machen.

Franz Grillparzer

Schreib in den Sand, die Dich betrüben,
vergiss und schlafe drüber ein,
denn was Du in den Sand geschrieben,
das wird schon morgen nicht mehr sein.
Schreib in den Stein, was Du erfahren
an Freude, Seligkeit und Glück.
Es gibt der Stein nach vielen Jahren
Dir die Erinnerung zurück.
Schreib in Dein Herz all Deine Lieben
von Nord und Süd, von Ost und West,
denn was Du in Dein Herz geschrieben,
das hält für alle Zeiten fest.

Poesiealbumspruch

Weißt du, worin der Spaß des Lebens liegt?
Sei lustig. Geht es nicht, so sei vergnügt.

Johann Wolfgang von Goethe

Das Meer ist wie die Tinte,
der Himmel wie ein Blatt,
ich kann Dir gar nicht sagen,
wie gerne ich Dich hab.

Unbekannt

Schau mutig vorwärts
und nie zurück,
so bezwingst Du das Leben
und Dir blüht das Glück.

Poesiealbumspruch

Rosen, Tulpen, Nelken,
alle drei verwelken,
aber wie das Immergrün
soll stets unsere Freundschaft blüh'n.

Unbekannt

Ernst bei der Arbeit,
heiter beim Spiel,
immer frisch vorwärts,
so kommt man ans Ziel!

Unbekannt

Ein Rat: Pass auf Dich auf!
Eine Bitte: Vergiss mich nicht!
Ein Wunsch: Ändere Dich nicht!
Eine Lüge: Ich mag Dich nicht!
Die Wahrheit: Bleib wie Du bist!

Unbekannt

Drei Engel mögen Dich begleiten
in Deiner ganzen Lebenszeit;
und die drei Engel, die ich meine,
sind: Frohsinn, Glück, Zufriedenheit.

Unbekannt

Arbeite ruhig und gediegen,
Was nicht fertig ist, bleibt liegen.
Halte stets die Ruhe heilig,
Nur Verrückte haben's eilig.

Unbekannt

Rechnen, lesen, Aufsatz schreiben,
Schule schwänzen, sitzen bleiben,
viel Unsinn haben wir gemacht,
trotzdem haben wir gelacht!

Unbekannt

Der Mond scheint nur in der Nacht,
die Sonne nur am Tag.
Nur Freunde gibt es rund um die Uhr,
jemand, der Dich immer mag!

Unbekannt

Der braune Bär lebt in Sibirien,
In Afrika, da haust das Gnu,
Das schwarze Schwein lebt auf Sizilien,
In meinem Herzen haust nur Du.
    Unbekannt

Heute früh um sieben
wär ich gern im Bett geblieben.
Doch es war ein Trost für mich:
In der Schule treff ich Dich!
    Unbekannt

Bleibe lustig, bleibe froh
wie der Mops im Paletot.
Unsere Freundschaft endet nicht,
eh' der Mops Französisch spricht!
    Unbekannt

Ein Winter ohne Schnee,
Ein Frühling ohne Klee,
Ein Sommer ohne Wespenstich,
Was wäre ich nur ohne Dich!
    Unbekannt

Mögen alle guten Wünsche,
die in diesem Album stehen,
eines schönen Tages schließlich
für Dich in Erfüllung gehen!

Unbekannt

An dem Gestern kannst Du nichts mehr ändern,
das Morgen ist Dir ungewiss,
aber das Heute nutze.

Unbekannt

Bis die Flüsse aufwärts fließen,
bis die Hasen Jäger schießen,
bis die Mäuse Katzen fressen,
so lang' werd ich Dich nicht vergessen!

Unbekannt

Freundlich blüht an stiller Quelle
in des Mondes Silberlicht
eine Blume, zart und helle
und die heißt Vergissmeinnicht.

Unbekannt

Bedrücken Dich Kummer und Sorgen,
Kann ich Dir mein Lächeln borgen.
Es macht Dich froh und bringt Dir Glück,
Gib es mir irgendwann zurück!

Unbekannt

Als Freunde lernten wir uns kennen,
als Freunde werden wir uns trennen,
als Freunde auseinandergeh'n,
als Freunde uns bald wiederseh'n!

Unbekannt

Die Blumen brauchen Sonnenschein,
und ich brauch Dich zum Fröhlichsein.

Unbekannt

Ausrufezeichen! Punkt daneben.
Dich vergess ich nie im Leben!

Unbekannt

Danke mir für diesen Reim,
die Rosen wachsen groß und klein,
sie wachsen hoch und nieder,
das Beste wünsch ich wieder.

Unbekannt

Auch wenn uns 1000 Meilen trennen,
ich bin froh, dass wir uns kennen,
denn Du gehörst zu den Menschen, die man nie vergisst,
weil Du etwas ganz Besonderes bist …
vergiss das nicht!

Unbekannt

Hier auf dieser letzten Seite
will ich stehen winzig klein,
will zuletzt gelesen werden,
will zuletzt vergessen sein.

Unbekannt

Vereinsehrung

Es wächst der Mensch
mit seinen größer'n Zwecken.
   Friedrich von Schiller

An die Freunde
Wieder einmal ausgeflogen,
Wieder einmal heimgekehrt;
Fand ich doch die alten Freunde
Und die Herzen unversehrt.
Wird uns wieder wohl vereinen
Frischer Ost und frischer West?
Auch die losesten der Vögel
Tragen allgemach zu Nest.
Immer schwerer wird das Päckchen,
Kaum noch trägt es sich allein;
Und in immer engre Fesseln
Schlinget uns die Heimat ein.
Und an seines Hauses Schwelle
Wird ein jeder festgebannt;
Aber Liebesfäden spinnen
Heimlich sich von Land zu Land.
   Theodor Storm

Es sind die Begegnungen mit Menschen,
die das Leben lebenswert machen.

Guy de Maupassant

Heute bin ich so glücklich.
Was für ein Tag – keine Wolke am Himmel.

Charles Baudelaire

Um mit Menschen und in Staaten zu leben,
muss man die Punkte aufsuchen, die uns vereinen,
nicht die, die uns trennen.
Vor allem aber gänzliche Wahrheit.

Carl Hilty

Wer das Feld seines Glückes verbreitern will,
muss den Grund seines Herzens gleichmäßig machen.

Aus China

Allein ist besser als mit Schlechten im Verein,
mit Guten im Verein ist besser als allein.

Friedrich Rückert

Auch ein Verein
Fünf Kunstjünger
Sind deine Finger,
Gar feine, gescheite,
Manierliche Leute,
Gelehrig und biegsam,
Gefällig und schmiegsam,
Der Arbeit zu dienen
Ein schöner Verein,
Ob jeder von ihnen
Auch für sich allein.
Doch wenn sie sich rotten
Und ballen zum Knäuel,
Der Sitte zu spotten,
Der Satzung und Regel;
Dann wird draus, – o Gräuel,
Vor dem dir graust!
Ein grober Flegel:
Die Faust!
Anastasius Grün

Die Koalition ist vortrefflich,
solange alle Interessen jedes Mitgliedes dieselben sind.
Unbekannt

Menschen zu finden,
die mit uns fühlen und empfinden,
ist wohl das schönste Glück,
das diese Welt bereit hat.

    Samuel Johnson

Lebe mit deinem Jahrhundert,
aber sei nicht sein Geschöpf:
Leiste deinen Zeitgenossen aber,
was sie bedürfen,
nicht, was sie loben.

    Friedrich von Schiller

Führerschein

Man bedenke: Polizeikontrollen und Radarfallen
sind weiträumig zu umfahren!
Herzlichen Glückwunsch zum Führerschein,
liebe/lieber …
   Unbekannt

Fahre niemals schneller
als dein Schutzengel fliegen kann!
   Unbekannt

18 Jahre musst du warten,
bis du darfst dein Auto starten.
Doch die lange Warterei
ist nun ab sofort vorbei.
Fahre glücklich, fahre gut,
doch niemals fahr mit Übermut!
   Unbekannt

Fahr vorsichtig mit deinem Flitzer,
an jeder Ecke steht ein Blitzer!
   Unbekannt

In einem BMW,
da sitzt die Hautevolee!
> ***Unbekannt***

Wenn jemand mit dem Auto fährt,
dann gibt es oft Gedränge,
besonders gegen Abend, denn
dann sind die Straßen enge.
> ***Unbekannt***

Glückwunsch zum Führerschein,
sollst immer sicher unterwegs sein.
Fahre stets mit Herz und Verstand,
dann wirst Du geschätzt in jedem Land.
> ***Unbekannt***

Ein Stück Papier ist endlich Dein,
der lang ersehnte Führerschein.
Das Auto steht schon vor der Tür
und wir gratulieren Dir.
Bei der ersten Fahrt viel Glück,
und komm bitte heil zurück!
> ***Unbekannt***

Zum neuen Auto: Guten Start!
Fahr flott, doch immer zahm!
Ich wünsche immer gute Fahrt
und sei die Karre niemals lahm!
Unbekannt

Die Autos fahren nur im Schritt,
das geht dann sachte, sachte,
und wer um sechs daheim sein will,
der kommt oft erst um achte.
Unbekannt

Beim Warten in der Autoschlange
im Smog und Abgasduft
wünsch ich Dir, dass Dein Auto lange
mitmacht und fröhlich pufft.
Unbekannt

Leute, holt die Kinder rein,
… hat jetzt den Führerschein!
Unbekannt

Das Fahren sei stets ein Genuss,
doch kein verweg'nes Flitzen.
Es möge Sankt Christophorus
stets mit am Steuer sitzen!

Unbekannt

Fahre nicht, als gehöre Dir die Straße,
sondern so, als gehöre Dir der Wagen.

Unbekannt

Du freust Dich wie ein König fast,
und ich, ja ich find's fein,
dass Du den Führerschein jetzt hast,
um auch dabei zu sein.

Unbekannt

Man kann doch ein Auto nicht
wie einen normalen Menschen behandeln –
ein Auto braucht Liebe!

Unbekannt

Bis jetzt hat Dir stets was gefehlt,
hast Du zum Treffpunkt Dich gequält.
In Bus und Bahn hast Dich gedrückt,
zu Fuß nie! Bist doch nicht verrückt!
Auch mit dem Rad war's viel zu schwer,
da sehr gefährlich der Verkehr.
Doch jetzt Du stolz im Auto sitzt
und pfiffig durch die Gegend flitzt.
Du hast's geschafft, wir finden's fein,
Du hast jetzt den Führerschein!

Unbekannt

Sport

Erfolg hat drei Buchstaben: TUN!
Johann Wolfgang von Goethe

Sind Micsmuscheln wirklich schlecht drauf?
Weinen Magneten, weil sie nicht wissen, was sie anziehen sollen?
Kann man beim Chinesen Reißverschluss bestellen?
Braucht man zum Aktenfrisieren einen Föhn?
Gehört Ritter Sport zum Olympischen Zehnkampf?
Unbekannt

Verliert der eine nicht,
kann der andere nicht gewinnen.
Aus Finnland

Sport ist sozusagen ein Spiegel der Seele des Menschen.
Was ich im Sport bin, bin ich wirklich selbst.
Unbekannt

Wenn der Mensch sich etwas vornimmt,
so ist ihm mehr möglich, als man glaubt.
Johann Heinrich Pestalozzi

Einen guten Sportler erkennt man an seinem Sieg.
Einen großen Sportler erkennt man in seiner Niederlage.

Unbekannt

Der Neid ist die aufrichtigste Form der Anerkennung.

Wilhelm Busch

Sport stärkt Arme, Rumpf und Beine,
kürzt die öde Zeit,
und er schützt uns durch Vereine
vor der Einsamkeit.

Joachim Ringelnatz

Nur wo Körper- und Geistestätigkeit
in geordneter lebendiger Wechselwirkung stehen,
ist wahres Leben.

Friedrich Fröbel

Die Ausbildung unserer körperlichen Anlagen macht
gewandt und gibt auch die Fähigkeit, in jeder
Mußestunde sich reicheren und mannigfaltigeren
Lebensgenuss zu verschaffen. Sie gibt dem Menschen
erst Freude am Sport; sie erhöht seinen Mut und sein
Selbstvertrauen, seinen ganzen äußeren und mit diesem
auch seinen inneren Wert.

Max Haushofer

Vor allem wegen der Seele ist es nötig, den Körper zu üben, und gerade das ist es, was unsere Klugschwätzer nicht einsehen sollen.

Jean-Jacques Rousseau

Keine Stunde im Leben,
die man im Sattel verbringt,
ist verloren.

Sir Winston Churchill

Ich habe jeden Sport getrieben,
Ich focht mit Säbel und Florett,
Ich war berühmt im Kegelschieben.
Kann Tennis, Schach, Billard, Croquet,
Ich ritt spazieren hoch zu Pferde –
Ich fuhr sogar mit Vieren schon,
Ich fuhr per Dampfschiff um die Erde,
Ich stieg empor im Luftballon;
Ich habe jeden Berg bestiegen
Und war im Eislauf äußerst flink,
Es konnte keiner mich besiegen
An Grazie auf dem Skating-Ring.
Ich fuhr mit jeglichem Vehikel
Umher auf diesem Erdenkreis,
Und dennoch ist mir mein Bicycle
Das liebste Fuhrwerk, das ich weiß ...

Fritz von Ostini

Unser deutsches Kegelbahnvergnügen
erscheint roh und ordinär
und hat sehr viel vom Philister.
>	**Johann Wolfgang von Goethe**

Teilnehmen ist wichtiger als siegen.
>	**Pierre de Coubertin**

Dem Mutigen lächelt das Glück.
>	**Lateinisches Sprichwort**

Genesung

Drei Tugenden wünsche ich Dir:
Geduld, um abwarten zu können,
Kraft zum Weiterkämpfen
und Vertrauen in dich selbst!
Werde bald gesund!

Unbekannt

Gibt dir das Schicksal einen Puff,
so weine keine Träne,
lach dir 'nen Ast
und setz dich druff
und baumle mit die Beene!

Aus Berlin

Wisse, dass es kein Leid gibt, dem nicht Freude folgt,
kein Unglück, das nicht irgendein Glück nach sich zöge.

Aus Persien

Die beste Wärterin der Natur ist Ruhe.

William Shakespeare

Wünschen ist ein Anzeichen
von Genesung oder Besserung.

Friedrich Nietzsche

Mit dem Klagen, mit dem Zagen,
wie verdirbst du's dir so oft!
Lerne Trübes heiter tragen
und dein Glück kommt unverhofft.

Volksmund

Glück ist gut für den Körper,
denn Kummer stört den Geist.

Marcel Proust

Krankheit und Unglück kommen auf tausend Straßen,
aber Glück und Gesundheit auch.

Theodor Fontane

Seien Sie vorsichtig mit Gesundheitsbüchern –
Sie könnten an einem Druckfehler sterben.

Mark Twain

Liebe Wünsche senden wir Dir,
in Gedanken sind wir hier.
Werde bitte bald gesund
und komm wieder zurück zu uns.
Gute Besserung!

Unbekannt

Es ist förderlich für die Gesundheit;
deshalb beschließe ich, glücklich zu sein.

Voltaire

Der Sieg über die Krankheit
Vor der Genesung einer heftigen Krankheit,
im Augenblick der Kraft und Besserung ist
am heftigsten der Anfall.
Jedes Übel, das Abschied nimmt,
erscheint am übelsten.

William Shakespeare

Harre, hoffe. Nicht vergebens
zählest Du der Stunden Schlag:
Wechsel ist das Los des Lebens,
und – es kommt ein andrer Tag.

Theodor Fontane

Seine Krankheit zu erkennen
ist der Anfang der Genesung.

Aus Spanien

Ganz sanfte Küsse, die Dich zärtlich berühren,
sollen Dich ganz schnell in die Gesundheit führen.
Gute Besserung wünsche ich Dir,
und sei doch ganz bald wieder bei mir.

Unbekannt

Glücksgefühle sind wohltätig für den Körper,
aber die Kräfte des Geistes
werden durch Kummer entwickelt.
Marcel Proust

Gesang vermindert dunkle Sorgen.
Horaz

Die Hoffnung spricht dem matten Kranken
Das süße Wort „Genesung" zu.
Sie zeigt, wenn seine Kräfte wanken,
Dem Wanderer das Ziel der Ruh'.
Der Redlichste, der unverschuldet
Verkannt ist, wird von ihr erfreut;
Der Arme, der im Stillen duldet,
Harrt, stark durch sie, der besser'n Zeit.
Franz von Gaudy

Genesung ist,
wenn man wieder alles zu sich nehmen kann,
was einem nicht bekommt.
Unbekannt

Fasst frischen Mut!
So lang ist keine Nacht,
dass endlich nicht der helle Morgen lacht.
William Shakespeare

Sieh dich nie als Patient zwischen aufgestapelten Kissen ans Bett gefesselt, und sollte es auch zurzeit der Fall sein! Wer sich tennisspielend oder im Wettlauf sieht, arbeitet damit an seiner Genesung. Erwarte nie Krankheit oder Schmerzen für morgen, mögen Krankheit oder Schmerzen heute noch so arg gewesen sein, für morgen erwarte nur Gesundheit und Kraft.

Prentice Mulford

Die kleinen Miseren des Lebens helfen uns
manchmal über sein großes Elend hinweg.

Marie von Ebner-Eschenbach

Alles Gute und schöne Grüße!
Komm jetzt schnell wieder auf die Füße.
Das Geschenk, wenn auch recht klein,
soll was Tröstendes für Dich sein.

Unbekannt

Heile, heile Segen,
sieben Tage Regen,
sieben Tage Sonnenschein,
wird alles wieder heile sein.
Heile, heile Segen,
sieben Tage Regen,
sieben Tage Schnee,
tut dem Kind schon nicht mehr weh.

Unbekannt

Und all das Geld und all das Gut
gewährt zwar schöne Sachen,
Gesundheit, Schlaf und guten Mut
kann's aber doch nicht machen.

Matthias Claudius

Was man nicht aufgibt,
hat man nie verloren.

Friedrich von Schiller

Was wäre das Leben ohne Hoffnung?
Ein Funke, der aus der Kohle springt und verlischt.

Friedrich Hölderlin

Schwierigkeiten scheinen nur da zu sein,
um überwunden zu werden.

E.T.A. Hoffmann

Kein Weiser jammert um den Verlust,
er sucht mit freud'gem Mut ihn zu ersetzen.

William Shakespeare

Man sieht die Blumen welken und die Blätter fallen,
aber man sieht auch Früchte reifen
und neue Knospen keimen.

Johann Wolfgang von Goethe

Unsere Ärzte
Seit ihr so eifrig im Studieren,
muss meine Hoffnung auf Genesung scheitern:
Ihr wollt nicht einen Kranken kurieren,
sondern nur eure Wissenschaft erweitern.

Franz Grillparzer

Die Gesundheit ist ein sehr wertvolles Gut,
hat man sie verloren, weiß man, wie weh dies tut.
Auf dass es Dir bald wieder besser geht,
ein Gruß auf dieser Karte steht.

Unbekannt

Alles ist freundlich wohlwollend verbunden,
bietet sich tröstend und trauernd die Hand,
sind durch die Nächte die Lichter gewunden,
alles ist ewig im Innern verwandt.

Clemens Brentano

Luft und Licht heilen, und Ruhe heilt,
aber den besten Balsam
spendet doch ein gütiges Herz.

Theodor Fontane

Des Nächsten Leid zu lindern hilft einem,
das eigene zu vergessen.

Abraham Lincoln

Was ist groß? –
Schicksalsschläge froh ertragen.

Seneca

Niemand heilt durch Jammern seinen Harm.

William Shakespeare

Das Unglück ist der Prüfstein des Charakters.

Samuel Smiles

Nur die Sache ist verloren, die man aufgibt.

Gotthold Ephraim Lessing

Jede dunkle Nacht hat ein helles Ende.

Aus Persien

Den lieben Gott lass ich nur walten;
der Bächlein, Lerchen, Wald und Feld
und Erd' und Himmel will erhalten,
hat auch meine Sach' aufs best' bestellt.

Joseph von Eichendorff

Reise

Viel zu spät begreifen viele
die versäumten Lebensziele:
Freuden, Schönheit und Natur,
Gesundheit, Reisen und Kultur.
Darum, Mensch, sei zeitig weise!
Höchste Zeit ist's! Reise, reise!

Wilhelm Busch

Das Beste,
was man von Reisen nach Hause bringt,
ist die heile Haut.

Aus Persien

Ein Gespräch auf einer Reise
ist so gut wie ein Fuhrwerk.

Aus Indien

Wer vor der Tür steht,
hat den größten Teil der Reise schon hinter sich.

Aus Holland

Nur aufs Ziel zu sehen
verdirbt die Lust aufs Reisen.

Friedrich Rückert

Nur Reisen ist Leben,
wie umgekehrt das Leben Reisen ist.

Jean Paul

Wo wir uns der Sonne freuen,
sind wir jede Sorge los.

Johann Wolfgang von Goethe

Der immer strebt nach besonderer Weise,
Hat – besondere Last;
Er macht übers weite Meer die Reise
Oben im Mast.
Und wer nur stets im gewöhnlichen Kreise
Sucht Ziel und Zweck,
Der macht übers schöne Meer die Reise
Unten im Deck.

Albert Roderich

Es kommt nicht darauf an,
wohin du reist,
sondern wie lebhaft du empfindest.

Henry David Thoreau

Schön ist es,
wenn man nicht weiß, wohin es geht.
Am allerschönsten aber ist es,
wenn man nicht mehr weiß, woher man kommt.

Aus China

Man muss das Glück unterwegs suchen,
nicht am Ziel, da ist die Reise zu Ende.

Aus Deutschland

Wenn man mich fragt, warum ich reise, antworte ich:
Ich weiß wohl, wovor ich fliehe,
aber nicht, wonach ich suche.

Michel de Montaigne

In Hamburg lebten zwei Ameisen,
Die wollten nach Australien reisen.
Bei Altona auf der Chaussee,
Da taten ihnen die Beinchen weh,
Und da verzichteten sie weise
Dann auf den letzten Teil der Reise.

Joachim Ringelnatz

Der eigentliche und ungeschmälerte Genuss
einer Reise beginnt erst in dem Augenblick,
in dem wir uns ihrer als etwas Vergangenem erinnern.

Friedrich von Schiller

Der gute Rat mit auf die Reise:
Immer daran denken – im Stau langsam fahren,
ihr habt ja Zeit.

Antonio Machado y Ruiz

Wer einen Pfau braucht,
muss die Mühe einer Reise nach Indien auf sich nehmen.

Aus Persien

Durch Feld und Buchenhallen,
bald singend, bald fröhlich still,
recht lustig sei vor allem,
wer's Reisen wählen will!
Wenn's kaum im Osten glühte,
die Welt noch still und weit,
da weht recht durchs Gemüte
die schöne Blütenzeit!
Die Lerch' als Morgenbote
sich in die Lüfte schwingt.
Ein' frische Reisenote
durch Wald und Herz erklingt.
O Lust, vom Berg zu schauen
weit über Wald und Strom,
hoch über sich den blauen,
tiefklaren Himmelsdom!
Vom Berge Vöglein fliegen
und Wolken so geschwind.
Gedanken überfliegen
die Vögel und den Wind.
Die Wolken zieh'n hernieder,
das Vöglein senkt sich gleich:
Gedanken geh'n und Lieder
fort bis ins Himmelsreich!

Joseph von Eichendorff

Eine Reisebeschreibung ist in erster Linie
für den Beschreiber charakteristisch,
nicht für die Reise.

Kurt Tucholsky

Wer allzeit hinterm Ofen sitzt,
Grillen fängt und Hölzlein spitzt
und fremde Leute nie beschaut,
der bleibt ein Narr in seiner Haut.

Hans Sachs

Reisespruch
Bunte Dörfer, bunte Kühe,
Ackerpracht und Ackermühe,
Reichsten Lebens frischer Lauf.
Dreht sich alles weit im Kreise;
Mittendurch geht deine Reise:
Tu nur Herz und Augen auf.

Otto Julius Bierbaum

Ärgere dich nicht über die Schlaglöcher in der Straße,
sondern genieße die Reise!

Unbekannt

Eine Fahrt mit der Eisenbahn kann ich beim besten Willen nicht als Reise bezeichnen. Man wird ja lediglich von einem Ort zum anderen befördert und unterscheidet sich damit nur sehr wenig von einem Paket.

John Ruskin

Wenn ein Reisender nach Hause zurückkehrt, soll er nicht die Bräuche seiner Heimat eintauschen gegen die des fremden Landes. Nur einige Blumen, von dem, was er in der Ferne gelernt hat, soll er in die Gewohnheiten seines eigenen Landes einpflanzen.

Sir Francis Bacon

Wie schön ist eine lange, lange Reise! Wie oft habe ich danach wie nach einem Rettungsanker gegriffen!
Und wie oft hat mich so eine Reise errettet!

Nikolai Wassiljewitsch Gogol

So ein Kerl wie ich weiß nichts Besseres zu tun, als auf einer Reise in den Straßen herumzubummeln, Leute zu betrachten, stundenlang auf dem Tandelmarkt zu stehen oder in Schaufenster zu gucken.

Gustav Meyrink

Wenn du jedes Mal stehen bleibst,
wenn ein Hund bellt,
wirst du deine Reise nie beenden.

Aus Arabien

Auf dem Strome
Am Himmel der Wolken
Erdunkelnder Kranz ...
Auf schauerndem Strome
Metallischer Glanz ...
Die Wälder zuseiten
So finster und tot ...
Und in flüsterndem Gleiten
Vorüber mein Boot ...
Ein Schrei aus der Ferne –
Dann still wie zuvor ...
Wie weit sich von Menschen
Mein Leben verlor! ...
Eine Welle läuft leise
Schon lang nebenher,
Sie denkt wohl, ich reise
Hinunter zum Meer ...
Ja, ich reise, ich reise,
Weiß selbst nicht, wohin ...
Immer weiter und weiter
Verlockt mich mein Sinn ...
Schon kündet ein Schimmer
Vom morgenden Rot, –
Und ich treibe noch immer
Im flüsternden Boot.

Christian Morgenstern

Ich reise niemals ohne mein Tagebuch.
Man sollte immer etwas Aufregendes
zu lesen bei sich haben.

Oscar Wilde

Je öfter du fragst, wie weit du zu gehen hast,
desto länger scheint die Reise.

Aus Australien

Eine Reise ist ein Trunk aus der Quelle des Lebens.

Friedrich Hebbel

Reise immer in großem Stil, steige in den vornehmsten Hotels ab, kleide dich mit Geschmack! Bist du dazu pekuniär noch nicht imstande, so tue es wenigstens in Gedanken. Wessen Sinn aus falscher Sparsamkeit auf das Billige gerichtet ist … gelangt in die Welle der Dürftigkeit des Sklavischen und Ängstlichen!

Prentice Mulford

Die Pflege positiver Gedanken ist der Antrieb für die Reise auf die Sonnenseite. Ein klares Ziel und ein starker Wille lassen uns auch große Hindernisse überwinden.

Unbekannt

In den besten Reisebeschreibungen interessiert uns doch der Reisende am meisten, wenn er sich nur zeigen mag. Wer eine Reise beschreibt, beschreibt damit sich immer auch selber.
Jean Paul

Falls das Leben eine Reise ist,
mach sie erster Klasse.
Unbekannt

Der Wissensschatz lässt sich bei einer Reise
am leichtesten schultern.
Aus Indien

Ostergrüße

Der Frühling hockt schon im Gesträuch
und überprüft die Wetterlage.
Wir grüßen! Und wir wünschen Euch
sehr herzlich: Frohe Ostertage!

Unbekannt

Christ ist erstanden
aus Todesbanden.
Was er gelehret
hat sich bewähret!

Lateinisches Kirchenlied

Regnet's in Ostern hinein
so wird zu Wasser auch der Wein.

Bauernweisheit

Unterm Baum im grünen Gras
Sitzt ein kleiner Osterhas'!
Putzt den Bart und spitzt das Ohr,
Macht ein Männchen, guckt hervor.
Springt dann fort mit einem Satz
Und ein kleiner frecher Spatz
Schaut jetzt nach, was denn dort sei.
Und was ist's? Ein Osterei!

Volksgut

Zur Osterzeit

Ist das ein Ostern! – Schnee und Eis
hielt noch die Erde fest umfangen;
frostschauernd sind am Weidenreis
die Palmenkätzchen aufgegangen.
Verstohlen durch den Wolkenflor
blitzt hie und da ein Sonnenfunken –
es war, als sei im Weihnachtstraum
die schlummermüde Welt versunken.
Es war, als sollten nimmermehr
ins blaue Meer die Segel gehen, –
im Park ertönen Finkenschlag,
und Veilchenduft das Tal durchwehen. –
Und dennoch, Seele, sei gewiss:
Wie eng sich auch die Fesseln schlingen,
es wird der Lenz, das Sonnenkind,
dem Schoß der Erde sich entringen.
Dann sinkt dahin wie Nebelflor
auch all dein Weh und deine Sorgen,
und veilchenäugig lacht dich an
ein goldner Auferstehungsmorgen!

Clara Müller-Jahnke

Ostern
Ja, der Winter ging zur Neige,
holder Frühling kommt herbei,
lieblich schwanken Birkenzweige,
und es glänzt das rote Ei.
Schimmernd weh'n die Kirchenfahnen
bei der Glocken Feierklang,
und auf oft betret'nen Bahnen
nimmt der Umzug seinen Gang.
Nach dem dumpfen Grabchorale
tönt das Auferstehungslied,
und empor im Himmelsstrahle
schwebt er, der am Kreuz verschied.
So zum schönsten der Symbole
wird das frohe Osterfest,
dass der Mensch sich Glauben hole,
wenn ihn Mut und Kraft verlässt.
Jedes Herz, das Leid getroffen,
fühlt von Anfang sich durchweht,
dass sein Sehnen und sein Hoffen
immer wieder aufersteht.

Ferdinand von Saar

Zu Weihnachten getanzt im Schnee,
zu Ostern Frost im Zeh.

Wilhelm Busch

Ostergedicht
Wenn die Schokolade keimt,
wenn nach langem Druck bei Dichterlingen
„Glockenklingen" sich auf „Lenzesschwingen"
endlich reimt,
und der Osterhase hinten auch schon presst,
dann kommt bald das Osterfest.
Und wenn wirklich dann mit Glockenklingen
Ostern naht auf Lenzesschwingen
dann mit jenen Dichterlingen
und mit deren jugendlichen Bräuten
draußen schwelgen mit berauschten Händen,
ach, das denk ich mir entsetzlich,
außerdem – unter Umständen –
ungesetzlich.
Aber morgens auf dem Frühstückstische
fünf, sechs, sieben flaumweich gelbe frische
Eier. Und dann ganz hineingekniet!
Ha! Da spürt man, wie die Frühlingswärme
durch geheime Gänge und Gedärme
in die Zukunft zieht,
und wie dankbar wir für solchen Segen
sein müssen.
Ach, ich könnte alle Hennen küssen,
die so lang gezogene Kugeln legen.

Joachim Ringelnatz

Es tut gut,
ein Priester zu Ostern,
ein Kind zur Fastenzeit,
ein Bauer zu Weihnachten
und ein Narr zur Erntezeit zu sein.

Aus Dänemark

Wer an Ostern nach Eiern sucht,
hat an Weihnachten die Bescherung.

Unbekannt

Osterlied

Die Glocken läuten das Ostern ein
In allen Enden und Landen,
Und fromme Herzen jubeln darein:
Der Lenz ist wieder erstanden!
Es atmet der Wald, die Erde treibt
Und kleidet sich lachend in Moose,
Und aus den schönen Augen reibt
Den Schlaf sich erwachend die Rose.
Das schaffende Licht, es flammt und kreist
Und sprengt die fesselnde Hülle;
Und über den Wassern schwebt der Geist
Unendlicher Liebesfülle.

Adolf Böttger

Ostern

Vom Erdenstaub zu reinen, blauen Lüften
Dringt weit der Blick in ersten Frühlingstagen,
Und höher steigt der mächt'ge Sonnenwagen,
Die Erde sehnt nach Blättern sich und Düften,
Und heilige Geschichten uns dann sagen,
Was sich geahnet in des Herzens Klüften.
Er ist erstanden aus den Todesgrüften,
Und wie vergebens war der Menschen Zagen,
Ja, so ersteht die Welt der Himmelsgaben
Mit jedem Jahre neu, die Knospen brechen,
Und nichts ist unsrer Liebe zu erhaben,
Sie gibt uns alles in den Wonnebächen,
Die nach dem Eingang Flur und Aug' durchgraben,
Das Unsichtbarste will zum Lichte sprechen.

Achim von Arnim

Weihnachtsgrüße

Noch einmal ein Weihnachtsfest,
immer kleiner wird der Rest,
aber nehm ich so die Summe,
alles Grade, alles Krumme,
alles Falsche, alles Rechte,
alles Gute, alles Schlechte –
rechnet sich aus allem Braus
doch ein richtig Leben raus.
Und dies können ist das Beste
wohl bei diesem Weihnachtsfeste.
Theodor Fontane

Weihnachten hält die Zeit zusammen.
Unbekannt

Weihnachten – es war immer mein schönstes Fest.
Theodor Storm

Jedes Mal,
wenn zwei Menschen einander verzeihen,
ist Weihnachten.
Jedes Mal,
wenn Ihr Verständnis zeigt für Eure Kinder,
ist Weihnachten.
Jedes Mal,
wenn Ihr einem Menschen helft,
ist Weihnachten.
Jedes Mal,
wenn ein Kind geboren wird,
ist Weihnachten.
Jedes Mal,
wenn Du versuchst, Deinem Leben
einen neuen Sinn zu geben,
ist Weihnachten.
Jedes Mal,
wenn Ihr einander anseht
mit den Augen des Herzens,
mit einem Lächeln auf den Lippen,
ist Weihnachten.

Aus Brasilien

Weihnachten ist zwar nur einmal im Jahr,
aber das ist auch genug!

Unbekannt

Ich werde Weihnachten in meinem Herzen ehren und versuchen, es das ganze Jahr hindurch aufzuheben.

Charles Dickens

Die meisten Menschen bringen so das ganze Leben hin, dass sie sich von Pfingsten nach Weihnachten und von Weihnachten wieder nach Pfingsten sehnen.

Theodor Fontane

Weihnachten: ein besonderer Tag der Völlerei, Trunksucht, Gefühlsduselei, Annahme von Geschenken, öffentlichem Stumpfsinn und häuslichem Protzen gewidmet.

Ambrose Gwinnett Bierce

Die Gans zum Pfarrer: „Herr Pfarrer, bitte sagen Sie mir die Wahrheit: Gibt es ein Leben nach Weihnachten?"

Unbekannt

Die besinnlichen Tage zwischen Weihnachten und Neujahr haben schon manchen um die Besinnung gebracht.

Joachim Ringelnatz

Die schwierigste Aufgabe des Vaters zu Weihnachten:
den Kindern klarmachen,
dass er der Weihnachtsmann ist,
und der Frau klarmachen,
dass er es nicht ist.

Unbekannt

Wie sich die Knospen des Barbarazweiges
bis Weihnachten öffnen,
so soll sich auch der Mensch dem kommenden Licht
auftun.

Johann Georg Fischer

Kaufen Sie Ihre Geschenkbücher für Weihnachten schon jetzt! Dann können Sie sie vorher noch selbst lesen.

Schild in einer schottischen Buchhandlung

Man kann sogar seine Gefühle nach dem Kalender regeln: zum Geburtstag, zum Gedenktag – und zu Weihnachten. Aber man muss welche haben.

Kurt Tucholsky

Weihnachten ist ein Fest für die Menschheit.
Es kommt über einen und legt
sich warm und weich auf einen
und duftet nach
Tannen und Wachskerzen und
Lebkuchenmännern und
nach vielem, was es gab, und nach vielem,
was es geben wird.

Unbekannt

Wenn einer dem anderen Liebe schenkt,
wenn die Not des Unglücklichen gemildert wird,
wenn Herzen zufrieden und glücklich sind,
steigt Gott herab vom Himmel
und bringt das Licht:
Dann ist Weihnachten.

Aus Haiti

Weihnachten bewahren
Das ist Weihnachten bewahren:
Ich beschließe zu vergessen,
was ich für andere getan habe,
und will mich daran erinnern,
was andere für mich taten.
Ich will übersehen,
was die Welt mir schuldet,
und daran denken,
was ich der Welt schulde.
Ich will erkennen,
dass meine Mitmenschen genauso
wirkliche Wesen sind wie ich,
und will versuchen,
hinter ihren Gesichtern
ihre Herzen zu seh'n,
die nach Freude und Frieden hungern.
Ich will das Beschwerdebuch gegen die Leistungen
des Universums schließen,
und mich nach einem Platz umsehen,
wo ich ein paar Saaten Glücklichsein säen kann.

Henry van Dyke

Eine dauerhafte Botschaft
Tief in uns muss Weihnachten sein.
Nur im Herzen kann sie werden
und von hier aus Licht der Erden
dauerhafte Botschaft sein.
Nicht das Wort, das sich bekennt
laut und prahlend vor der Menge
sprengt des Herzens dumpfe Enge,
dass es still sein Heil erkennt.
Lass die Weihnacht in dich ein,
dass ihr Licht dich ganz erfülle!
Und du darfst Gelass und Hülle
ihrem ew'gen Wunder sein.

Unbekannt

Weihnachten
Mir ist das Herz so froh erschrocken,
das ist die liebe Weihnachtszeit!
Ich höre fern her Kirchenglocken
mich lieblich heimatlich verlocken
in märchenstille Herrlichkeit.
Ein frommer Zauber hält mich wieder,
anbetend, staunend muss ich steh'n;
es sinkt auf meine Augenlider
ein goldner Kindertraum hernieder,
ich fühl's, ein Wunder ist gescheh'n.

Theodor Storm

Ich denke manchmal, wir erwarten zu viel von
Weihnachten. Wir versuchen da alles hineinzustopfen,
was wir an Freundlichkeit, Hilfsbereitschaft und
Menschlichkeit während eines ganzen Jahres schuldig
geblieben sind.

Unbekannt

Weihnachten kommt näher.
Die Gänse werden fetter.
Gebt einen Groschen
dem armen alten Bettler!
Habt ihr keinen Groschen,
ein halber tut's zur Not,
und wenn ihr keinen habt,
dann helf euch Gott!

Aus England

O Weihnacht! Weihnacht!
Höchste Feier!
Wir fassen ihre Wonne nicht.
Sie hüllt in ihre heil'gen Schleier
das seligste Geheimnis dicht.

Nikolaus Lenau

Weihnachten

Leise weht's durch alle Lande
wie ein Gruß vom Sternenzelt,
schlinget neue Liebesbande
um die ganze weite Welt.
Jedes Herz mit starkem Triebe
ist zu Opfern froh bereit,
denn es naht das Fest der Liebe,
denn es naht die Weihnachtszeit.
Und schon hat mit tausend Sternen
sich des Himmels Glanz entfacht,
leise tönt aus Himmelsfernen
Weihgesang der heil'gen Nacht.
Hell aus jedem Fenster strahlet
wundersam des Christbaums Licht,
und der Freude Schimmer malet
sich auf jedem Angesicht.
Lichte Himmelsboten schweben
ungeseh'n von Haus zu Haus;
selig Nehmen, selig Geben
geht von ihrer Mitte aus.
O willkommen, Weihnachtsabend,
allen Menschen, groß und klein!
Friedebringend, froh und labend
mögst du allen Herzen sein!

Adelheid Wette

Wenn's zu Weihnacht schneit,
ist Jahres Ultimo nicht mehr weit.
Kalenderspruch

Lied im Advent
Immer ein Lichtlein mehr
im Kranz, den wir gewunden,
dass er leuchte uns so sehr
durch die dunklen Stunden.
Zwei und drei und dann vier!
Rund um den Kranz welch ein Schimmer,
und so leuchten auch wir,
und so leuchtet das Zimmer.
Und so leuchtet die Welt
langsam der Weihnacht entgegen.
Und der in Händen sie hält,
weiß um den Segen!
Matthias Claudius

Weihnacht, wunderbares Land,
Wo die grünen Tannen
Sternenflimmernd rings entbrannt,
Jeden Pilger bannen!
Glücklich kindlicher Gesang
Schwebt um heilige Hügel,
Schwebt der Heimat Welt entlang,
Sehnsucht seine Flügel.
Friedestarken Geistes Macht
Sehnt sich, zu verbünden,
Über aller Niedertracht
Muss ein Licht sich zünden.
Lebens immergrüner Baum
Trägt der Liebe Krone –
Und ein milder Sternentraum
Küsst die starrste Zone.

Karl Henckell

Advent und Weihnachten –
Zeit der Stille und Besinnung,
bis jemand auf die Idee kam,
dass Geschenke sein müssen ...

Unbekannt

Es wird Weihnachten! Mein ganzes Haus riecht schon
nach braunem Kuchen – versteht sich nach Mutters
Rezept –, und ich sitze sozusagen schon seit Wochen im
Scheine des Tannenbaums. Ja, wie ich den Nagel meines
Daumens besehe, so ist auch der schon halbwegvergoldet.

Theodor Storm

Hoffnung ist etwas,
das wir zum Leben brauchen.
Denn wer könnte
ohne Hoffnung leben?
Ohne die Aussicht, das Vertrauen, die Möglichkeit,
dass etwas kommt,
und zwar etwas Wichtiges und
Wesentliches;
vielleicht ist Weihnachten
nicht so sehr das Fest der Liebe,
sondern der Hoffnung?

Unbekannt

Weihnachten

Markt und Straßen steh'n verlassen,
Still erleuchtet jedes Haus,
Sinnend geh' ich durch die Gassen,
Alles sieht so festlich aus.
An den Fenstern haben Frauen
Buntes Spielzeug fromm geschmückt,
Tausend Kindlein stehn und schauen,
Sind so wunderstill beglückt.
Und ich wandre aus den Mauern
Bis hinaus ins weite Feld,
Hehres Glänzen, heil'ges Schauern!
Wie so still und weit die Welt!
Sterne hoch die Kreise schlingen,
Aus des Schnees Einsamkeit
Steigt's wie wunderbares Singen -
O du gnadenreiche Zeit!

Joseph von Eichendorff

Weihnachten: Licht.
Wir kommen von der Schattenseite des Lebens in das helle
Licht der Ewigkeit. Wir werden nicht hinters Licht geführt,
sondern mitten ins Licht hinein. Ohne Weihnachten wäre
unser Herz eine finstere Sorgenkammer ohne Trost, die
Weltgeschichte ein Irrgarten ohne Mittelpunkt. Jesus
kommt in unsere Nacht, damit wir in sein Licht kommen
können. Nicht das Zwielicht von Neon und Mattscheibe,
sondern die Positionslampe aus der Ewigkeit macht unser
Leben hell. So kann aus Zwietracht Frieden werden.
Wer sein Herz an Jesus verliert, der hat das Leben
gewonnen. Er ist heil geworden. Wer zur Krippe geht,
kehrt als Beschenkter zurück. Er ist angesteckt,
damit der Glaube nicht mehr auf Sparflamme brennt.

Unbekannt

Neujahrsgrüße

Die Kirchturmglocke
schlägt zwölfmal Bumm.
Das alte Jahr ist wieder mal um.
Die Menschen können sich in den Gassen
vor lauter Übermut gar nicht mehr fassen.
Sie singen und springen umher wie die Flöhe
und werfen die Mützen in die Höhe.
Der Schornsteinfegergeselle Schwerzlich
küsst Konditor Krause recht herzlich.
Der alte Gendarm brummt heute sogar
ein freundliches: Prosit zum neuen Jahr!

Joachim Ringelnatz

Der gute Vorsatz ist ein Gaul,
der oft gesattelt,
aber selten geritten wird.

Aus Mexiko

Mögen alle Sorgen nicht länger währen
als die zu Neujahr gefassten guten Vorsätze.

Unbekannt

Zu Neujahr
Will das Glück nach seinem Sinn
Dir was Gutes schenken,
Sage Dank und nimm es hin
Ohne viel Bedenken.
Jede Gabe sei begrüßt,
Doch vor allen Dingen:
Das, worum du dich bemühst,
Möge dir gelingen.
Wilhelm Busch

Jeder Tag im neuen Jahr
hat sein kleines Licht.
Jede Stunde fordert klar:
Mensch, tu deine Pflicht!
Halt die Augen offen
dem Glauben, Lieben, Hoffen!
Geht was schief, behalte Mut,
morgen wird es wieder gut!
Unbekannt

Das Leben gleicht einer Reise,
Silvester einem Meilenstein.
Theodor Fontane

Das alte Jahr ist gerad' vergangen,
ein neues hat jetzt angefangen,
Es bringe uns Glück und Gedeih'n,
zum Leben Mut und Sonnenschein.
Wir lassen doch den Kopf nie sinken.
Stoßt an! Nun wollen wir noch trinken
Auf das, was kommt, auf das, was war,
auf gute Freundschaft im neuen Jahr.

Volksmund

Zum Neujahr
An tausend Wünsche, federleicht,
Wird sich kein Gott noch Engel kehren,
Ja, wenn es so viel Flüche wären,
Dem Teufel wären sie zu seicht.
Doch wenn ein Freund in Lieb und Treu
Dem andern den Kalender segnet,
So steht ein guter Geist dabei.
Du denkst an mich, was Liebes dir begegnet,
Ob dir's auch ohne das beschieden sei.

Eduard Mörike

Zu Silvester ist ein gutes Gewissen
besser als Punsch und gute Bissen.

Kalenderspruch

Die Neujahrsnacht still und klar,
deutet auf ein gutes Jahr.

Bauernweisheit

Zum neuen Jahr begrüßt euch hier
ein Virtuos auf dem Klavier.
Er führ euch mit Genuss und Gunst
durch alle Wunder seiner Kunst.

Wilhelm Busch

Man sagt, heute sei Neujahr. Punkt 24 Uhr sei die Grenze zwischen dem alten und dem neuen Jahr. Aber so einfach ist das nicht. Ob ein Jahr neu wird, liegt nicht am Kalender, nicht an der Uhr. Ob ein Jahr neu wird, liegt an uns. Ob wir es neu machen, ob wir neu anfangen zu denken, ob wir neu anfangen zu sprechen, ob wir neu anfangen zu leben.

Johann Wilhelm Wilms

Prost Neujahr! jubeln alle Leute
Und machen Feuerwerk vor Freude.
Bloß ich denke bei mir ganz still:
Was dieses Jahr wohl von mir will?

Gerald Drews

Silvesternacht

Und nun, wenn alle Uhren schlagen,
So haben wir uns was zu sagen,
Was feierlich und hoffnungsvoll
Die ernste Stunde weihen soll.
Zuerst ein Prosit in der Runde!
Ein helles, und aus frohem Munde!
Ward nicht erreicht ein jedes Ziel,
Wir leben doch, und das ist viel.
Noch einen Blick dem alten Jahre,
Dann legt es auf die Totenbahre!
Ein neues grünt im vollen Saft!
Ihm gelte unsre ganze Kraft!
Wir fragen nicht: Was wird es bringen?
Viel lieber wollen wir es zwingen,
Dass es mit uns nach vorne treibt,
Nicht rückwärts geht, nicht stehen bleibt.
Nicht schwächlich, was sie bringt, zu tragen,
Die Zeit zu lenken, lasst uns wagen!
Dann hat es weiter nicht Gefahr.
In diesem Sinne: Prost Neujahr!

Ludwig Thoma

Ein neues Jahr nimmt seinen Lauf.
Die junge Sonne steigt herauf.
Bald schmilzt der Schnee, bald taut das Eis.
Bald schwillt die Knospe schon am Reis.
Bald werden die Wiesen voll Blumen sein,
die Äcker voll Korn, die Hügel voll Wein.
Und Gott, der ewig mit uns war,
behüt uns auch im neuen Jahr.
Und ob wir nicht bis morgen schau'n,
wir wollen hoffen und vertrau'n.

Volksgut

SELBST GEMACHT!

Es gibt schier unzählige Gedichte, Sprüche und Verse zu den unterschiedlichsten Anlässen, doch leider passt nur ein Bruchteil davon in dieses Buch. Begeben Sie sich als ruhig selbst einmal auf die Suche und werden Sie kreativ.

Wenn Sie ein ganz bestimmtes Gedicht suchen, das Sie vielleicht aus Ihrer Kindheit in Erinnerung haben, aber nur noch einen halben Satz daraus erinnern: Geben Sie dieses Fragment doch mal in eine Internet-Suchmaschine ein, vielleicht taucht das Gedicht ja auf!

Oder möchten Sie einen ganz bestimmten Begriff in einem Glückwunsch wissen, soll etwa das Wort „Rose" vorkommen? Dann gehen Sie beispielsweise auf www.aphorismen.de und geben ins Themen-Suchfeld „Rose" ein, und die Suchmaschine wird Ihnen zahlreiche Rosengedichte, -verse und -sprüche anbieten.

Ihr Adressat hat einen Lieblingsautor? Dann geben Sie auf der eben genannten Webseite im Autoren-Suchfeld den Namen ein, und Sie werden schnell herausfinden, ob sich gerade von diesem Verfasser ein passendes Gedicht oder Zitat findet!

Das ist Ihnen alles nicht kreativ genug, Sie möchten lieber selbst dichten oder Reden schreiben? www.textakademie.de beispielsweise bietet konkrete Anleitungen, damit Ihre Glückwünsche eine ganz persönliche Note bekommen!

Ob Sie nun eine kurze Glückwunschkarte, einen längeren Brief oder gar eine Rede verfassen möchten, denken Sie vorab über folgende Punkte nach: Schreiben Sie an ein Familienmitglied oder an enge Freunde? Dann kann es schon mal etwas Lustiges oder auch Scherzhaftes sein. Wenn Sie hingegen Ihrem Vorgesetzten gratulieren möchten, sollte es wohl im Ton etwas gediegener sein. Überlegen Sie stets, was dem Anlass entsprechend passend ist. Bei Karten erübrigen sich allzu lange Gedichte und Wünsche schon allein aus Platzgründen. Tragen Sie mündlich etwas vor, achten Sie darauf, welche Länge für den Rahmen der Festlichkeit angemessen ist.

Sie können Ihre guten Wünsche beispielsweise mit einem Vers, Zitat oder Gedicht beginnen und diesen Wunsch dann mit ein paar persönlichen Worten nochmals unterstreichen.

Bei Reden gilt gemeinhin die Regel: Man darf über alles sprechen, nur nicht über zehn Minuten. Nun, solange Sie die anderen Gäste gut unterhalten, darf es auch ein klein wenig länger sein, aber achten Sie auch hier darauf, wie feierlich, ernst oder heiter der Anlass ist. Freundliche Witze sind schon mal erlaubt, aber ziehen Sie niemanden ernsthaft durch den sprichwörtlichen Kakao. Und sprechen Sie sich gegebenenfalls mit anderen Gästen oder einem Organisator der Feier ab, damit sich die Redner nicht „die Klinke in die Hand geben" und das Feiern selbst zu kurz kommt. Legen Sie sich Stichworte zurecht, die Sie gerne ansprechen möchten: ein besonderes Verdienst des Jubilars, eine kleine Reise durch die Stationen seines (Berufs-) Lebens, ein besonderes Ereignis …

Sie können Ihren Text ganz normal formulieren oder auch nach Reimen suchen. Wenn Ihnen die Wörter ausgehen, geben Sie Ihren Begriff bei www.reimemaschine.de ein. Lesen Sie sich Ihre gereimten Sätze laut vor, dann hören Sie automatisch, wenn einzelne Verse zu lang oder zu kurz sind und somit aus dem Rhythmus geraten.

Oder sind Sie der Meinung, dass Ihr eigenes Vokabular zu eintönig wird? Dann helfen Internetseiten wie www.openthesaurus.de weiter, um mit Synonymen Abwechslung in den Text zu bringen.

Wenn Sie etwas vortragen möchten, sollten Sie dies grundsätzlich vorab üben. Zu Hause vor dem Spiegel, aber auch vor einem kleinen Testpublikum wie anderen Familienmitgliedern oder Freunden. Es sollten am besten Personen sein, die den zu Feiernden teilweise kennen und teilweise eben nicht. So erhalten Sie eine gute Rückmeldung, ob Ihre Rede passend und auch für andere Leute unterhaltsam ist. Weitere Hilfestellungen finden Sie im Internet zum Beispiel unter www.redenwelt.de oder unter www.schreibstuecke.de/GlueckwuenscheSchreibenleichtgemacht.html.

Haben Sie schon einmal versucht, ein bereits vorhandenes Gedicht oder ein Lied umzuschreiben, damit es eine persönliche Note bekommt? Suchen Sie sich einen Text heraus, den Sie ansprechend finden, und bauen Sie eigene Punkte ein, es ist gar nicht so schwierig!

Viele weitere Hilfestellungen und Anregungen lassen sich ganz einfach googeln, wenn Sie beispielsweise die Stichwörter „Gedicht/Verse/Zitat", „Glückwünsche", „Hochzeit/Geburtstag/Führerschein" oder was Sie eben suchen in das Suchfeld eingeben.

An dieser Stelle noch ein paar weitere Links für Sprüche, Aphorismen, Gedichte, Verse, Zitate und vieles mehr:

- www.aphorismen.de
- www.briefeguru.de
- www.die-persoenliche-note.de
- www.gedichte.xbib.de
- www.gedichte-fuer-alle-faelle.de
- www.gedichte-oase.de
- www.glueckwünsche-kostenlos.de
- www.sprueche-universum.de
- www.verseschmiede.de
- www.wir-gratulieren.net

Tipps zum Schenken

Schön ist es, wenn man die Grußkarten persönlich gestaltet. Natürlich ist nicht jeder von uns ein guter Maler oder passionierter Bastler, aber vielleicht ist ja unter www.besserbasteln.de/basteln.html etwas dabei, von dem Sie sich inspirieren lassen möchten? Oder haben Sie ein schönes Foto vom Jubilar oder ein anderes passendes Motiv als Datei vorliegen? Drucken Sie es doch auf gutem Papier aus und schreiben Sie Ihre ganz persönlichen Wünsche auf die Rückseite!

Generell sollten Sie natürlich immer Geschenke machen, die dem Empfänger Freude bereiten und von Herzen kommen. Falls Ihnen selbst nichts einfällt, fragen Sie eine Person, die dem Jubilar nahe steht, um Rat. Verbunden mit den passenden Worten wird Ihre Gratulation so ganz bestimmt ein voller Erfolg!

humboldt ... bringt es auf den Punkt.

Alexandra Steiner (Hrsg.)

1000 Glückwünsche

Sprüche, Zitate und Verse
für jeden Anlass

Von der Taufe bis zur goldenen
Hochzeit

400 Seiten, 12,5 x 18,0 cm, Broschur
ISBN 978-3-86910-015-9
€ 12,95

Auch als E-Book erhältlich.

- Aktuelle Sammlung für Reden und Glückwunschkarten
- Zu Geburt, Taufe, Einschulung, Kommunion, Konfirmation, Hochzeit, Geburtstagen, Jubiläen und, und , und ...
- Von „heiter" bis „besinnlich"

Jemand, der gute Wünsche überbringt, möchte gerne etwas Besonderes sagen. Doch oft fällt es gar nicht so leicht, die passenden Worte zu finden.

Dieses Buch ist eine Schatzkiste an Sprüchen, Zitaten und Versen. Dank der übersichtlichen Sortierung finden sich schnell originelle und schöne Worte. So gelingt jede Glückwunschkarte und jede Rede – egal, ob zur Geburt, zum Schulabschluss, zum Geburtstag, zur Hochzeit, zum Jubiläum oder zum Ruhestand.

Änderungen vorbehalten

www.humboldt.de

Bibliografische Information der Deutschen Nationalbibliothek
Die Deutsche Nationalbibliothek verzeichnet diese Publikation in der Deutschen Nationalbibliografie; detaillierte bibliografische Daten sind im Internet über http://dnb.ddb.de abrufbar.

ISBN 978-3-86910-027-2 (Print)
ISBN 978-3-86910-128-6 (PDF)
ISBN 978-3-86910-129-3 (EPUB)

Die Autorin: Alexandra Steiner studierte Nordische Philologie, Neuere deutsche Literaturwissenschaft und Soziologie in München und Kopenhagen. Sie arbeitet als Lektorin und Autorin.

Originalausgabe

© 2014 humboldt.
Eine Marke der Schlüterschen Verlagsgesellschaft mbh & Co. KG,
Hans-Böckler-Allee 7, 30173 Hannover
www.schluetersche.de
www.humboldt.de

Autorin und Verlag haben dieses Buch sorgfältig geprüft. Für eventuelle Fehler kann dennoch keine Gewähr übernommen werden.
Alle Rechte vorbehalten. Das Werk ist urheberrechtlich geschützt. Jede Verwertung außerhalb der gesetzlich geregelten Fälle muss vom Verlag schriftlich genehmigt werden.

Lektorat:	Dateiwerk GmbH, Nathalie Röseler, Pliening
Layout:	Sehfeld, Hamburg
Covergestaltung:	Kerker + Baum Büro für Gestaltung, Hannover
Coverfoto:	Cathrine Lane / Getty Images
Satz:	PER Medien+Marketing GmbH, Braunschweig
Druck und Bindung:	Werbedruck Aug. Lönneker GmbH & Co. KG, Stadtoldendorf

Hergestellt in Deutschland.